墨香财经学术文库

"十二五"辽宁省重点图书出版规划项目

教育部人文社会科学青年基金项目
"农民专业合作社的流通服务功能、机制与效率研究"
（项目编号：13YJC790172）

U0656629

Research on the Comparison and Selection
of Agricultural Products Circulation Models in China

中国农产品流通模式比较与选择研究

薛建强 ◎ 著

东北财经大学出版社
Dongbei University of Finance & Economics Press

大连

图书在版编目（CIP）数据

中国农产品流通模式比较与选择研究 / 薛建强著 . —大连：东北财经大学出版
社，2019.6（2022.6重印）
（墨香财经学术文库）
ISBN 978-7-5654-3487-7

Ⅰ．中⋯　Ⅱ．薛⋯　Ⅲ．农产品流通-研究-中国　Ⅳ．F724.72

中国版本图书馆CIP数据核字（2019）第046800号

东北财经大学出版社出版发行

　　大连市黑石礁尖山街217号　邮政编码　116025
　　网　　　址：http：//www.dufep.cn
　　读者信箱：dufep @ dufe.edu.cn
大连永盛印业有限公司印刷

幅面尺寸：170mm×240mm　字数：152千字　印张：10.75　插页：1
2019年6月第1版　　　　　　　2022年6月第2次印刷
责任编辑：时　博　魏　巍　宋雪凌　责任校对：张晓鹏
封面设计：冀贵收　　　　　　　版式设计：钟福建
定价：38.00元

前言

　　以"农业、农村、农民"为核心的"三农"问题，长期以来一直是我国所面对的最重要的问题之一。我国是农业大国，农业是我国国民经济的基础，农村是我国经济发展的薄弱地区，农民负担重、保障少、收入低，因此"三农"问题历来都是关系到党和国家发展的根本性问题。理论和实践都表明，农产品流通是解决"三农"问题的关键环节，是关系国计民生的重要问题，高效的农产品流通模式有助于实现农产品供求平衡，继而促进农民增收、社会稳定。

　　改革开放以来，我国农产品流通体系发生了巨大变革，由计划经济时代的"统购统销"发展为以市场为主导，多元化、多渠道、多层次、多业态的农产品流通体系。可供农户选择的农产品流通模式多种多样，并且每种农产品流通模式都有自己的优势和不足。本书的调研数据表明，当前我国的农产品流通模式仍然是以中间商和批发市场为主导的传统运行模式，在这种模式下，农户处于弱势地位，是农产品市场价格的接受者，承受着较高的市场价格波动风险，同时农产品流通成本比较高，流通效率也比较低。发达国家农产品流通的经验表明，以农民专业合作社为主导的农产品流通模式能够提高组织内社员的收益，农户通过农民合作组织销售农产品，能够有效降低交易成本，保持较高的流通效率。

本书从农户的视角出发研究农产品流通模式，实证分析了农户选择不同农产品流通模式的影响因素，重点探讨了农民专业合作社介入的农产品流通模式，以期为农产品流通领域的研究提供更加丰富的理论支撑，进而优化农产品流通模式、提升农产品流通效率以及提高农民收入水平。

本书内容包括 7 个部分，具体如下：

第 1 章是导论，主要包括研究背景与研究意义、研究路径、研究方法与结构、关键概念与相关范畴的界定、研究的创新之处等内容。

第 2 章是文献综述与理论基础。文献综述部分主要从国内和国外两个方面展开；理论基础部分讨论了交易费用理论、营销渠道理论和合作经济理论，这些理论为本书的研究提供了分析工具。

第 3 章论述了我国农产品流通模式的发展现状。我国现有的农产品流通模式多种多样，本章重点比较分析了"农户+市场""农户+经纪人""农户+批发商""农户+龙头企业""农超对接"五种模式。

第 4 章探讨了交易费用理论框架下的农产品流通模式。本章以交易费用理论为分析框架，将农产品流通模式分为企业化模式、市场化模式、契约型模式三种类型，并对这三种农产品流通模式进行了比较分析。其中，农产品流通的企业化模式是指将农产品流通过程一体化和内部化，通过权威命令机制来协调农产品的流通过程。农产品流通的市场化模式是指通过价格机制来协调各流通主体之间的交易关系，从而促成农产品由生产领域向消费领域的流通。农产品流通的契约型模式介于企业化模式和市场化模式之间，是一种通过契约关系合作经营的模式。

第 5 章实证分析了农户选择不同农产品流通模式的影响因素。本章针对农户的调查问卷数据，应用多分类逻辑回归模型和二分类逻辑回归模型进行分析，发现农户学历、身份、家庭人数、生产类型、农户与农产品收购商交易关系长度等变量对农户选择农产品流通模式具有显著影响。

　　第 6 章重点分析了农民专业合作社介入的农产品流通模式选择。首先，讨论了以日本、美国和德国为代表的发达国家的农产品流通模式，以及农民专业合作社在农产品流通过程中的作用。其次，结合数理模型分析了不同流通模式下的经济结果。模型分析结论表明，同"农户+农产品中间商"模式相比，"农户+合作社+中间商"模式是一种更有效率的农产品流通模式。最后，结合具体案例比较分析了"农户+合作社+龙头企业""农户+合作社+直销店""农户+合作社+超市""农户+合作社+电子商务"等农民专业合作社介入的农产品流通模式。

　　第 7 章得出研究结论，提出政策建议及研究局限。首先对本书的研究内容进行了总结，然后提出了扶持农民专业合作社发展、促进农产品流通的政策建议，最后指出了研究的局限性。

作　者

2019 年 1 月

目录

1　导论

1.1　研究背景与研究意义

党的十八大报告中明确指出，必须始终把解决好"三农"问题作为全党工作重中之重。我国是农业大国，农业是我国国民经济发展的基础，农村是我国经济发展的薄弱地区，农民负担重、保障少、收入低，因此"三农"问题历来都是关系到党和国家发展的根本性问题。改革开放以来，从 1982 年至 1986 年，中共中央连续 5 年发布的"一号文件"都是以"三农"问题为主题，确立了以家庭联产承包责任制为核心的农业生产经营体制，逐步取消了中华人民共和国成立以后长期实行的农副产品统购统销的农产品流通制度。这 5 个中央"一号文件"在当时指明了我国农村改革发展的战略性方向，提出了农村改革发展的具体措施，从而使我国农业与农村经济获得了跨越式发展，农民生活水平有了显著提高。进入 21 世纪以来，特别是从 2004 年到 2014 年，中共中央连续 11 年发布的"一号文件"都聚焦在"三农"问题上，这 11 个中央"一号文件"指明了新时期"三农"改革的方向，也提出了进一步解决"三农"问题的关键性政策措施。尽管这 11 个中央"一号文件"的侧重点不同，但是几乎每个文件都强调要发展和完善我国的农产品流通体系，可见农产品流通是破解"三农"问题的关键环节。

近 10 年的统计数据显示，我国农村经济依然落后于城市经济，农业经济的发展依然落后于第二产业和第三产业。国家统计局公布的数据显示，截至 2013 年年底，我国农村人口占全国总人口的近 55%，创造的第一产业（农业）增加值仅为 56 957 亿元，增速仅为 4.0%，占全国 GDP（568 845 亿元）的比例只有 10.0%。2013 年，农村居民人均纯收入为 8 896 元，比 2012 年名义增长 12.4%，扣除价格因素，实际增长 9.3%，比 2012 年回落 1.4 个百分点；城镇居民人均可支配收入为 26 955 元，比 2012 年名义增长 9.7%，扣除价格因素，实际增长 7.0%。城乡居民收入比由 1978 年的 2.57∶1 扩大到 2013 年的 3.03∶1，城乡收入差距依旧很大。以上统计数据说明，我国的"三农"问题依然突出，这严重制约了我国社会主义新农村的建设。在这一宏观背景下，从农户的视角对农产品的流通模式进行研究，不仅可以实现中国农产品流通的现代化，而且可以保障弱势小农户在农产品流通体系中的基本利益。

1.1.1 研究背景

当前，我国的农产品流通模式仍然比较落后，还存在流通市场参与主体组织化程度偏低、农产品物流成本高、农产品流通信息化程度低、基础设施建设薄弱等诸多问题。

1）流通市场参与主体组织化程度偏低

在我国农产品流通领域，以供销社和国有企业为主体的流通格局已被打破，多元化、多渠道、多层次、多业态的农产品流通网络已经基本形成（夏春玉等，2009）。农产品流通市场的参与主体日趋多元化，主要包括供销合作社体系、国有粮油公司和储备体系、国有大中型批发贸易企业，以及民营龙头企业、贸易公司、零售企业和农民专业合作社等。然而，我国农产品流通市场参与主体的组织化和集约化程度仍然偏低，特别是农产品流通中介组织的发展仍处于农民经纪人、批发商等初级水平，龙头企业、各种合作社和农户紧密联系的高级中介组织的发展相对不足。统计数据显示，截至 2013 年 6 月底，全国依法登记的农民专业合作社达到 82.8 万家，约是 2007 年底的 32 倍；实有成员达 6 540 多万户，占农户总数的 25.2%。在日本，大约 97% 的农户参加了"农协"，农户约 90% 的农产品由"农协"销售。可见，自 2007 年 7 月 1 日《中华人民共和国农民专业合作社法》（以下简称《农民专业合作社法》）正式实施以来，尽管农民专业合作社有了快速发展，但仍处于初级水平。

2）农产品物流成本高

农产品物流包含采摘、包装、加工、仓储、运输、配送、装卸等诸多环节，其中，农产品加工、仓储、运输等环节的物流成本最高，农产品损耗严重，物流效率低下。当前，我国农产品物流成本居高不下，面向零售终端的农产品综合物流配送体系尚处于发展的初级阶段。中国物流与采购联合会发布的数据表明，我国农产品物流成本占流通总成本的比例高达 30% ~ 40%，而欧美等发达国家的这一比例低于 10%（周伟等，2012）。同时，我国农产品冷链物流发展滞后，农产品运输仍然以自然物流或常温物流为主，导致农产品在物流过程中的损耗较大。相关资料显示，发达国家的果蔬物流损耗率一般控制在 5% 以下，美国的果蔬物流损耗率仅有 1% ~ 2%，而我国的果蔬物流损耗率高达 25% ~ 30%（杨文静，2005）。

3）农产品流通信息化程度低

目前，我国农产品流通中的信息化建设比较落后，农产品市场信息流通不畅，从而严重制约了我国农产品流通的发展。一方面，我国各级政府积极建设信息网络平台，信息量较大。商务部主办的全国农产品商务信息公共服务平台（新农村商网）已经开通运营，在全国 27 个省的 203 个县组织开展了农村商务信息服务试点。统计数据表明，截止到 2013 年 10 月，平台交易额已超过 810 亿元，累计销售农副产品 2 200 多万吨（刘昕，2013）。然而，我国还缺少一个把政府、农户、市场和消费者连接起来的农村信息网络平台，因此农产品流通过程中的信息链是中断的，上下游之间的市场供求信息无法准确、快速、顺畅地传递，进而导致农产品的流通具有盲目性。对农民的信息服务不到位，农民获取市场信息的成本很高，大多数农民由于文化水平较低，对市场的分析能力较差，往往习惯于盲从，从而导致农产品的流通具有盲目性。另一方面，物流信息化硬件设备的配备不够齐全，在仓储、运输、配送等环节仍然以手工为主，无法对物流信息进行查询、跟踪；批发市场、配送中心的信息化程度也很低，不能提供必要的农产品流通信息服务。

4）基础设施建设薄弱

近年来，我国农产品流通基础设施的建设力度逐渐加大，农村公路运输业等快速发展，从而为农产品流通提供了基本的设施保障。交通运输部公布的数据显示，截至 2012 年末，全国公路总里程比 2011 年底增加 13.11 万千米，达到 423.75 万千米；全国农村公路（含县道、乡道、村道）里程比 2011 年底增加 11.44 万千米，达到 360.84 万千米，通公路的乡（镇）占全国乡（镇）总数的比例达到 99.97%。然而，我国农产品流通基础设施的建设仍然很薄弱，主要表现为：冷藏运输车、冷藏库、专用仓库数量不足；批发交易市场单体规模偏小，档次普遍偏低，功能不完善，专业化程度不高；大型农产品物流和配送中心建设落后，缺乏基础设施等，从而严重阻碍了我国农产品流通的顺利进行。此外，我国农产品流通基础设施建设还存在显著的地区差异，东部地区的建设状况要好于中西部地区。

1.1.2　研究意义

针对农产品流通的相关问题，我国学者进行了广泛而深入的研究，并取得了丰富的研究成果，具有重要的理论意义和现实意义。

1）理论意义

从现有的研究成果来看，学者们的研究主题几乎涉及与农产品流通相关的所有领域。在众多的研究主题中，学者们较多关注农产品流通体制改革、农产品流通体系建设、农产品流通成本、农产品流通效率、农业产业化、订单农业、农民专业合作社与农产品流通问题。通过对该领域相关研究文献的回顾，我们发现对该领域的研究存在以下不足：首先，就理论建构而言，现有研究涉及的内容非常庞杂，却未形成一个统一、规范的理论体系。学者们的研究内容和研究重点随着国家大政方针的变化而不断变化，这使得现有文献中的对策性研究较多，而致力于理论建构的研究较少，这显然不利于该研究领域的发展。其次，现有研究中还存在着研究范式和研究方法相对单一的问题。学者们在进行理论研究时，过多地使用经济学的研究方法，特别是新制度经济学理论和交易费用理论等，这不仅导致了大量的重复研究出现，还使得很多重要问题被忽视，从而不利于现实问题的解决。最后，仍有很多重要的理论问题没有受到足够的重视，如本书重点研究的"基于农户的农产品流通模式"等问题。政府在制定农业政策时，只有同时注重生产和流通环节，才能理顺农业生产与流通之间的衔接关系，实现二者的良性互动，引导农民采用农民专业合作社等方式进入农产品流通渠道，从而实现"小农户"与"大市场"之间的有效对接。本书以流通理论、交易费用理论和合作经济理论为理论基础，以农产品流通模式为基本分析单位，从农户的视角切入，对该研究领域理论建构相对薄弱的环节进行理论与实证分析，以期为农产品流通领域的研究提供理论支撑。

2）现实意义

改革开放以来，我国启动了农产品流通体制改革，取消了中华人民共和国成立以来长期实行的统购统销制度，逐步推动农产品流通的市场化，打破了国有商业和供销合作社商业在农产品流通中的垄断地位。几十年过去了，我国农产品流通改革取得了巨大成就，在国家的宏观调控下，一个以市场机制为主导的多元化、多渠道、多层次、多形式的农产品流通体系已初步建立。然而，虽然"三农"改革不断推进，但是"小农户"与"大市场"之间的矛盾仍然十分突出，这已成为破解"三农"问题的关键。

小农户是农业生产经营的基本单位，规模小、缺乏组织性，抵御风险的能力也很低，这直接造成了农民在农产品流通过程中的弱势地位。分散的农户单独进行农业生产经营决策，追求自身利益的最大化，往往无法实现农民整体利益的长期最大化，从而影响了农民的集体利益。在单纯依靠市场机制无法解决上述问题的情况下，如何提高农民的组织性，使农民成为农产品流通体系中的真正主体，就成了有效化解"小农户"与"大市场"的矛盾并促进农民增收的关键所在。本书从农户的视角对农产品流通模式进行研究，着眼于探寻符合中国国情的农产品流通模式，以期优化农产品的流通模式、提高农产品流通效率以及提高农民收入水平，因此具有重大的现实意义。

1.2 研究路径、方法与结构

1.2.1 研究路径

本书的研究路径如图 1-1 所示，主要包括基础研究、理论研究和政策研究三个阶段：

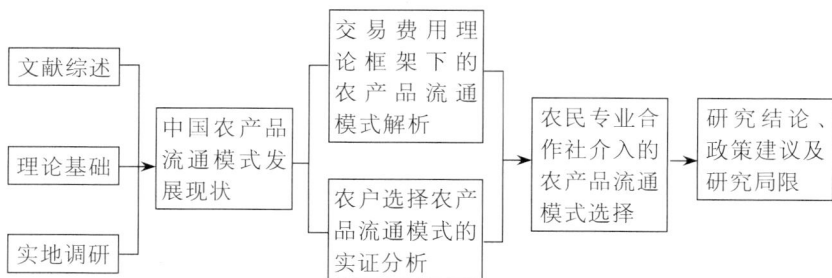

图 1-1 研究路径

第一个阶段是基础研究，主要工作包括文献综述、理论准备和实地调研三个方面。一是回顾国内外农产品流通领域的研究文献，以明确本书的定位和创新方向；二是对本书所用的理论进行梳理，主要包括交易费用理论、营销渠道理论和合作经济理论等；三是通过实地调研获得一手数据，从而为后续的实证分析提供数据支持。这一阶段的研究工作是基础性的，主要是为下一阶段理论研究的设计与实施做准备。

第二个阶段的理论研究主要围绕基于农户视角的农产品流通模式展开，在对中国农产品流通模式的发展现状进行分析的基础上，在交易费用理论框架下对农产品流通模式进行理论解析，探询农户在农产品流通过程中的地位与作用；通过问卷调研并结合统计模型，分析影响农户选择不同农产品流通模式的因素，同时运用数理模型和案例研究方法探讨农民专业合作社介入的农产品流通模式。这部分内容是本书的重点，将为研究结论和后续的政策建议提供理论支撑。

第三个阶段是在理论研究基础上的政策研究。首先，对本书的研究内容进行总结；其次，针对当前农产品流通与农民专业合作社实践中存在的若干个关键问题，提出相应的政策建议；最后，指出本书的研究局限。

1.2.2 研究方法

1）比较研究方法

林聚任、刘玉安主编的《社会科学研究方法》一书认为，比较研究方法是指对两个或两个以上的事物或对象加以对比，从而找出它们之间的相似性与差异性的一种分析方法。比较研究方法是人们根据一定的标准或以往的经验、教训，对彼此有某种关系的事物进行比较，从而确定不同事物之间的异同点，同时对不同的事物进行分类，得出事物的发展规律，认清事物的内在本质。

本书应用比较研究方法在第 3 章比较分析了我国现有的"农户+市场""农户+经纪人""农户+批发商""农户+龙头企业""农超对接"五种不同的农产品流通模式；在第 4 章提出了农产品流通的企业化模式、市场化模式和契约型模式的理论分析框架，并对三种农产品流通模式的特点和适用条件进行了比较分析；在第 6 章比较分析了发达国家农产品流通模式的经验，重点讨论了日本、美国和德国等发达国家的农产品流通模式，以及农民合作社在农产品流通过程中的作用，同时结合具体案例，对"农户+合作社+龙头企业""农户+合作社+直销店""农户+合作社+超市""农户+合作社+电子商务"等农民专业合作社介入的农产品流通模式进行了比较分析。

2）问卷调查与统计分析相结合的研究方法

本书在第 5 章研究影响农户选择不同农产品流通模式的因素的过程中，采用了问卷调查与统计分析相结合的研究方法。本书主要从农户的视角研究农产品流通模式，因此调查对象限定为从事农产品生产与流通的农户。正式调查发生在 2013 年 1 月 15 日至 2 月 25 日，64 名东北财经大学本科生和硕士生利用寒假在各自的家乡发放问卷并进行调查。

在分析数据的过程中，本书主要应用了多分类逻辑回归（Multinomial Logistic regression）模型和二分类逻辑回归（Binary Logistic regression）模型两种统计检验模型，并采用 SPSS19.0 统计分析软件对数据进行了处理和分析。

3）博弈论方法

博弈论也称对策论，研究和描述的是当博弈主体的行为相互影响时，博弈主体各自做出的决策，以及这些决策之间的均衡问题（张维迎，1994）。博弈论已经成为研究经济学问题和管理学问题最有力的分析工具。博弈的实质就是博弈的各个主体的行为是相互影响的，每个主体在决策前都会考虑其他主体的反应和决策，从而采取对自己最有利的决策。农户和其他流通主体之间相互依存和相互影响的关系能够应用博弈论来进行刻画。本书在第 6 章运用博弈论方法构建了一个数理模型，分析了农户和中间商之间相互作用的关系，表明在不同的流通模式下，农产品中间商和农户的利益分配是有差别的。

4）案例研究方法

案例研究方法与其他研究方法的不同点在于，它适合某个问题初始阶段（即新兴问题）的研究，也更适用于需要新的理论观点的研究领域。目前，我国农民专业合作社的发展还处于初始阶段，农产品流通体系的建设还不健全，基于这种情况，采用案例研究方法非常合适。本书在第 6 章分析农民专业合作社介入的农产品流通模式等问题时，采用了案例研究方法。这些案例主要通过图书、论文、政府报告、新闻报道等公开资料整理获得，属于二手资料，因此难免会存在一些偏差。

1.2.3　研究结构

全书共分为 7 章。

第 1 章：导论。这一章主要介绍了本书的研究背景与研究意义、研究路径、研究方法与结构、关键概念与相关范畴的界定、研究的创新之处等内容。这一章是对本书的概述，也是本书的研究前提和基础。

第 2 章：文献综述与理论基础。这一章主要论述了两个方面的内容：一是现有理论研究的进展情况，即对国内外相关研究文献进行归纳总结；二是本书的理论基础，主要介绍了交易费用理论、营销渠道理论和合作经济理论。

第 3 章：中国农产品流通模式发展现状。这一章从农户的视角出发，比较分析了"农户+市场""农户+经纪人""农户+批发商""农户+龙头企业""农超对接"五种农产品流通模式。

第 4 章：交易费用理论框架下的农产品流通模式解析。这一章主要应用交易费用理论对农产品流通的企业化模式、市场化模式和契约型模式进行了比较分析。

第 5 章：农户选择农产品流通模式的实证分析。这一章结合通过问卷调查收集到的数据，采用多分类逻辑回归模型和二分类逻辑回归模型进行实证检验。

第 6 章：农民专业合作社介入的农产品流通模式选择。这一章首先讨论了日本、美国、德国等发达国家的农产品流通模式，然后通过一个数理模型对农民专业合作社介入的农产品流通模式进行了分析，最后结合具体案例分析了"农户+合作社+龙头企业""农户+合作社+直销店""农户+合作社+超市""农户+合作社+电子商务"等农民专业合作社介入的农产品流通模式。

第 7 章：研究结论、政策建议及研究局限。这一章首先对本书的研究内容进行了总结，然后提出了相应的政策建议，最后指出了研究的局限性。

1.3 关键概念与相关范畴的界定

1.3.1 农户

我国的农业生产经营单位以农户为主，农户是农业生产经营的主体。2013 年，中央"一号文件"首次提出"家庭农场"的概念，即以家庭成员为主要劳动力，从事农业规模化、集约化、商品化生产经营，并以农业收入为家庭主要收入来源的新型农业经营主体，因此可以把家庭农场看作农业大户的升级版（夏英等，2013）。另外，与其他国家拥有农地产权的私人农场不同，我国的农户只拥有农地使用权。虽然在改革开放以前存在着企业化经营的国营农场，但这些农场经过改革、改制后，大多已演变成农业企业或者小规模的家庭农业生产单位。本书中提到的"农户"包括普通农民和家庭农场（农业大户），但是不包括企业化农场。农户不但是农业生产的基本组织单位，而且是农产品流通活动的微观主体，因此本书从农户的角度出发，对农产品流通模式进行深入分析。

1.3.2　农产品

农产品一般是指农业生产部门（包括种植业、林业、畜牧业和渔业）生产出来的物质产品。随着农业的不断发展，农产品的内涵也不断扩大，美国、日本等发达国家已将农产品加工业纳入"大农业"的范畴。《中华人民共和国农业法》第一章第二条规定："本法所称农业，是指种植业、林业、畜牧业和渔业等产业，包括与其直接相关的产前、产中、产后服务。"因此，从广义的角度来看，农产品不仅包括初级农产品，还包括以初级农产品为原料进行加工的农业加工品（主要是农业加工食品）。本书关注的农产品是农民销售的初级农产品，主要是狭义的农产品概念，即不包括各种农业加工品。

农产品本身的特性决定了农产品流通与工业品流通存在区别。首先，从物理特性上看，农产品具有鲜活易腐性。这就要求农产品的流通速度要快，但实际上农产品的流通往往过程长、环节多，包装、搬运、储存、运输等环节都可能对农产品的形态、品质等造成破坏，从而使农产品的价值受损。其次，农产品的生产具有区域性、季节性、分散性，因此农产品的供给反应迟滞，而农产品的消费具有广泛性和经常性，这就造成了农产品流通的不对称性和非均衡性。最后，从供求角度来看，农产品的生产严重依赖于自然地理条件，因此供给弹性较小，而农产品又是生活必需品，因此其需求弹性也较小。农产品的供求矛盾使得农产品的价格波动比较大，农产品的流通具有很大的风险性。

1.3.3　农民专业合作社

本书认为，农民专业合作社有广义和狭义之分。广义的农民专业合作社包括农民专业协会、农民专业技术协会、农民专业合作社及其他各种农民专业性合作经济组织；狭义的农民专业合作社仅指农民专业合作社。尽管在实践和理论研究中与"农民专业合作社"相关的名词非常多，但自从《农民专业合作社法》施行以后，原来的农民专业协会、农民专业技术协会及其他各种农民专业合作经济组织大多按照《农民专业合作社法》的规定转成了各种类型的农民专业合作社。《农民专业合作社法》对农民专业合作社进行了明确的定义。该法规定，农民专业合作社是指在农村家庭承包经营基础上，农产品的生产经营者或者农业生产经营服务的提供者、利用者，自愿联合、民主管理的互助性经济组织。农民专业合作社以其成员为主要服务对象，开展以下一种或者多种业务：（1）农业生产资料的购买、使用；（2）农产品的生产、销售、加工、运输、贮藏及其他相关服务；（3）农村民间工艺及制品、休闲农业和乡村旅游资源的开发经营等；（4）与农业生产经营有关的技术、信息、设施建设运营等服务。本书为了行文方便，在不同章节会分别使用"农民专业合作社"、"农民合作社"或者"农业合作社"等名称，但这几个名称的含义在本质上是相同的。

1.3.4　农产品流通

国内学者对"流通"的定义一般可以分为广义和狭义两种。广义的流通一般是指一切生产要素或生产成果的流通，既包括有形物品的流通，也包括人与服务的流通，即马克思所言的资本流通。狭义的流通一般是指商品流通，是商品或产品从生产领域向消费领域转移的过程，既包括组织之间的商品流通，也包括组织内部的产品流通（夏春玉等，2013）。组织之间的商品流通涉及不同组织之间的系列交易活动，组织内部的产品流通则主要与组织内的经营管理活动相关。商品流通过程是商流、物流、信息流和资金流的统一过程。在商品经济条件下，农户生产农产品的目的不仅是满足自身对食物的需要，更重要的是在市场上通过与其他商品和服务的生产者进行交换，来满足自身更多的需要。于是，农产品流通活动产生了。

李大胜、罗必良（2002）将农产品流通定义为：以增值为目的的农产品交换活动，是农产品在流通领域的运动过程，包括商流、物流、信息流和资金流。本书将农产品流通定义为农产品从农业生产领域向消费领域转移的过程。农产品流通的主体是指所有参与农产品流通活动的组织和个人，既包括农户，也包括与农户直接交易的农产品中间商（如农产品运销户、农产品批发商、农产品经纪人、龙头企业、农民专业合作社等），还包括下游的流通主体（如超市、零售商贩等）。由于本书以农户为着眼点展开研究，因此本书主要关注与农户直接交易的流通主体以及流通主体之间的交易模式和关系。

1.3.5　农产品流通模式

模式体现了事物之间隐藏的关系，是从不断重复出现的事件中发现和抽象出的规律，是对经验的总结。贾履让、张立中（1998）认为，流通模式即流通产业的运行模式。吴宪和、陈顺霞（2000）认为，流通模式也称商品流通方式，而商品流通方式是商品交易方式、商品流通经营形式的总称。万典武（2000）将流通模式分为计划经济下的商品流通模式、完全市场经济下的商品流通模式和宏观调控下的商品流通模式三种。

从上面的论述可以看出，不同学者对流通模式的理解基本上是一致的。本书认为，农产品流通模式是指在一定运行机制下，农产品从农户向消费者转移的具体模式，包含了物流、信息流和商流的传递。农户是农产品流通过程的起点，也是"三农"问题的核心，因此本书重点研究了基于农户视角的农产品流通模式。

1.4 研究的创新之处

1.4.1 应用交易费用理论深入解析了农产品流通模式

本书在第 4 章应用交易费用理论，提出了农产品流通模式的理论分析框架，将农产品流通模式分为企业化模式、市场化模式和契约型模式三种类型，并对这三种农产品流通模式的特点和适用条件进行了比较分析，指出这三种农产品流通模式在一定范围内具有替代性，同时也互为补充。

1.4.2 应用统计方法实证检验了影响农户选择农产品流通模式的因素

本书在第 5 章实证检验了影响农户选择不同农产品流通模式的因素。本书从农户的视角出发，从个人特征、家庭特征和农产品属性等多个层面对影响农户选择不同农产品流通模式的因素进行了研究。采用多分类逻辑回归模型和二分类逻辑回归模型对调查问卷的数据进行分析，发现农户学历、身份、家庭人数、生产类型、农户与农产品收购商交易关系长度等变量对农户选择农产品流通模式具有显著影响。

1.4.3 构建博弈模型分析了农民专业合作社介入的农产品流通模式

本书在第 6 章构建了一个基于博弈理论的数理模型，分析了农民专业合作社介入的农产品流通模式。分析结论表明，与市场化模式相比，在契约型模式下，农产品中间商和农户获得了更高的利润，这意味着农业生产效率得到了提高；同"农户+中间商"模式相比，"农户+合作社+中间商"模式是一种更有效率的农产品流通模式。

2 文献综述与理论基础

2.1 国外文献综述

西方学者对农产品流通问题的研究有着悠久的历史，早期学者的研究构成了现代市场营销学的基础。Franklin（1901）在《产业委员会农产品分销报告》中阐述了农产品从生产者转移到消费者手中的分销系统以及消费者和中间商在购买农产品时的资金分配比例。Weld（1916）是农产品营销渠道研究的开创者，他基于分工和专业化理论，提出在农产品流通过程中，中间商专业化程度的提高有利于提高农产品流通渠道的整体效率。Breyer（1924）以社会心理学的理论为基础，从营销渠道整体的视角出发，用系统性的方法来描述和量化农产品营销渠道。早期的学者对农产品销售中间商的职能、渠道成本、渠道效率（主要是指经济效益）的研究较为深入，而对营销渠道系统中的生产者（农户）和消费者的关注较少。

随着经济的发展，特别是第二次世界大战以后，在新技术革命的推动下，农产品的生产日益专业化和规模化，以美国为代表的西方发达国家的农产品流通模式由传统市场流通模式向更加契约化和一体化交易的方向发展（Martinez，2002）。西方学者关注较多的问题集中在以下几个方面：农产品流通渠道的协作与整合（Hendrikse 和 Bijman，2002；Menard，2005；Dorsey，2009）；农产品营销渠道成员之间的行为和关系（Heide，1992；Rose 和 Shoham，2004）；农产品零售市场与消费者行为（Griffith，2004；Tobin 等，2012）；农产品物流与供应链管理（Marsden 等，2000；Cadilhon 等，2006；Ruiz-Garciaa，2010）；信息技术对农产品流通的影响（Kinsey，2000；Brandon，2004；Wolferta，2010）等。

Frank 和 Henderson（1992）实证分析了美国食品行业，认为交易成本是影响美国食品行业纵向一体化的决定性因素，影响交易成本的主要因素包括投入品资产专用性、投入品供应商的集中程度、规模经济和市场价格的不确定性。Martinez（1999，2002）从不确定性、资产专用性等维度研究了猪肉、鸡蛋以及火鸡等农产品在流通过程中不同渠道成员之间的关系，其结论表明不同农产品的垂直连接模式存在差异的主要原因是交易成本。Hobbs（1997）以交易费用理论为基础，实证检验了不同的交易费用维度对农户选择农产品流通模式具有不同的影响。Shepherd（2007）总结了农产品的流通模式，主要包括"农户+合作组织""农户+龙头企业""农户+零售商""农户+食品分销商""农户+国内贸易商""农户+外贸商""契约农业"等，认为农户规模、农产品包装、农产品认证、信任程度、交易费用、契约的灵活性、交通和基础设施投资力度等因素是导致农户选择不同农产品流通模式的主要因素。Bignebat 等（2008）从农户和中间商两个层面实证分析了农户参与农产品流通的情况，结论表明，在中间商较多的农产品流通渠道中，农户只关注与其交易的中间商，并不在乎最终的购买者，因此农户缺乏改进农产品包装、提高农产品质量的积极性，这与农户在"农超对接"流通渠道中的表现非常不一样。

Barkema（1993）从"消费者需求变化"的角度指出，食品行业需要通过纵向合作快速了解消费者需求的变化，他还认为契约与整合的出现造就了一种新的交流方式，这种交流方式使消费者的需求延着供应链上溯到食物生产者的能力大大增强。Boehlje 和 Schrader（1988）两位学者主张将食品供应链的研究重点从市场转移到链条的纵向协调上来，如研究链条中纵向整合的一些限制因素，以及实施纵向整合的主体等。

Ouden et al.（1996）分析了农产品供应链理论，认为农产品供应链是农产品流通组织为了提升农产品流通系统的整体绩效而实施的垂直一体化协调模式。Reardon 和 Berdegue（2002）对阿根廷超市和生鲜供应链进行了比较分析，认为生鲜超市不断壮大，并且将成为生鲜农产品流通的主渠道。Collins（2005）采用"商品链"的研究方法分析了农产品从农户到消费者的整个渠道中各个环节之间的关系。

农民专业合作社作为农产品流通过程中的重要主体，也受到了学者们的广泛关注。Bingen et al.（2003）以政治经济学为理论基础，研究了农民专业合作社在农户参与农产品流通过程中的作用，认为农民专业合作社的人力资本会受到技术、契约、投资等因素的影响，进而会影响到农户通过农民专业合作社进入农产品流通市场的方式。Grigoryan（2007）对牛奶生产户通过农民专业合作社进入市场的行为进行了调研，发现牛奶的产业链价值因农民专业合作社的参与而显著提升。Valentinov（2007）运用理论模型分析了农民专业合作社中的交易费用问题，认为农民专业合作社有利于弥补农户分散的缺点并降低交易费用。Hellin et al.（2009）通过比较美国中部和墨西哥的情况，发现农民专业合作社能够给农户带来显著的利益，然而由于农民专业合作社缺乏商业技能，因此两地农民专业合作社的作用也非常有限。

2.2 国内文献综述

就农产品流通问题而言，我国学者进行了广泛而深入的研究，并且取得了丰硕的研究成果，但仍有许多问题尚待研究。从现有研究成果来看，学者们的研究主题几乎涉及农产品流通的所有相关领域。在众多研究主题中，学者们关注较多的问题包括农产品流通体制改革、农产品流通体系建设、农产品流通成本、农产品流通效率、农业产业化、订单农業、农民专业合作社与农产品流通等。

2.2.1 农产品流通文献综述

1）农产品流通体制方面的研究

李炳坤（1999）认为，农产品流通体制改革是农产品市场制度建设的前提，农产品市场制度建设是农产品流通体制改革的结果。他对农产品流通体制改革进行了回顾与评价，并提出了深化农产品价格改革、加快农产品市场制度建设、完善农产品市场宏观调控体系等深化农产品流通体制改革的建议。姚今观（1996）指出，农产品流通体制改革和建设的方向是建立以各类批发市场为主体、各种直销形式为补充的农产品流通体系。温思美和杨顺江（2000）则结合深圳农产品公司的案例指出，农产品流通体制改革的目标模式是建立以企业化的批发市场（流通型龙头企业）为中心的市场组织体系。李大胜（2002）提出要建立起与社会主义市场经济相适应的农产品流通体制，充分发挥市场机制在资源配置中的积极作用，积极培育市场主体，建立完善的农产品市场体系，改进农产品交易方式，完善政府调控体系，全面有序地推进国内市场与国际市场的接轨。祁春节和蔡荣（2008）以制度变迁理论为基础分析了我国农产品流通体制变革的进程，认为我国农产品流通体制变革是诱致性制度变迁与强制性制度变迁共同作用的结果。梁佳和刘东英（2010）从生产、流通与消费三个层面分析了农产品的独特性，进而提出了进一步深化农产品流通体制改革的发展思路。马龙龙（2010）提出了从流通环节入手来解决"三农"问题的思路。曾欣龙等（2011）分析了中华人民共和国成立以来我国农产品流通体制发展的四个阶段：自由购销阶段、统购统销阶段、放开搞活阶段和深化改革阶段，并进一步提出了加强我国农产品流通体系建设的政策建议。

2）农产品流通主体方面的研究

农产品流通主体方面的研究主要涉及农户、农民专业合作社、批发市场、龙头企业、物流企业、超市等各类中介组织、流通组织和零售终端等。曹利群（2001）指出，我国农产品流通的主体主要包括龙头企业、合作社和批发市场。温思美和罗必良（2001）认为，农产品批发市场的建立和完善应该从两个方面进行：一是产地批发市场的建立和完善；二是销地批发市场的建立和完善。他们还结合深圳市农产品股份有限公司的经验，提出了农产品批发市场发展的新思路，即"企业办市场，企业管市场，市场企业化"。张晓山（2002）认为，中介组织是指在农民与市场之间起桥梁和纽带作用的各类经济组织，既包括农民的自助组织，也包括为农民服务的其他类型组织。卢凤君等（2003）认为，我国农产品流通主体存在着市场功能模糊、层级结构多、中间环节多等诸多问题。陈阿兴和岳中刚（2003）认为，改造传统的供销合作社，发展农民专业合作社，同时将两类合作组织的资源创新融合，是解决农产品流通困境的有效途径。肖怡（2004）系统分析了发达国家的农产品批发市场，发现行业协会和农民合作社在农产品批发市场的转型过程中起到了关键作用。黄祖辉等（2003，2005）分析了不同农产品流通主体以及它们之间的关系，认为物流技术创新和超市壮大对农产品流通起到了重要作用。朱学新（2005）研究了降低农产品交易费用的制度选择问题，认为中介组织是农产品流通过程中交易费用最低的一种制度安排，而农村经纪人比农民合作经济组织和农村专业技术协会更有助于降低交易费用。张闯和夏春玉（2005）认为，造成目前农产品流通渠道稳定性缺失及效率不高等问题的原因在于农产品流通渠道中权力结构的过度失衡，而对这一问题的解决有赖于农民专业合作社规模与实力的壮大、农户组织化程度的提高以及政府的互补性制度安排。李春成和李崇光（2005）提出，高效、畅通的农产品流通体系应该以批发交易市场为中心，以新型农贸超市为主干。董晓霞等（2006）的研究结果表明，北京地区果蔬超市的发展并没有直接影响到农户的生产和销售；小商贩仍然是与农户进行直接交易的主体；离城市较远的农户和贫困的农户也没有被排除在市场之外，相反，他们在果蔬种植中发挥着越来越重要的作用。黄季焜等（2006）分析了山东果农在不同年份销售农产品方式的变化，结果显示，与2000年相比，2005年种植苹果的农户减少了卖给批发商和小规模经纪人的份额，而增加了卖给加工企业、特定供应商和消费者的份额；种植葡萄的农户销售农产品的方式又多了合作社这一选择。郭晓鸣等（2007）研究了农户参与农产品流通的模式，对合作社—

体化、中介组织联动型和龙头企业带动型三种不同模式进行了比较分析，认为合作社一体化模式具有先进性。李春成和李崇光（2007）研究了农贸市场和超市的绩效水平，结果表明农贸市场和超市各有优劣，并将长期共存。郭崇义和庞毅（2011）分析了北京农产品批发市场创新营销的路径和政策建议。

　3）农产品流通模式的研究

　　由于研究目的不同，因此不同学者对农产品流通模式和分类的理解也不同。王秀杰（2001）区分了现货交易、远期合约交易和期货交易三种交易方式，认为不同交易方式的组合运用可以降低或分散交易风险，并提出了发展我国农产品交易方式的基本思路，即完善现货交易，大力发展远期合约交易，稳步发展期货交易。寇平君等（2002）区分了"单段二元式"和"双段三元式"的农产品流通模式，提出"现代单段二元式"是我国农产品流通模式的战略发展目标。周立群和曹利群（2001，2002）对农户和龙头企业之间的商品契约和要素契约进行了比较分析，认为通过专用性投资和市场在确保契约履行过程中的作用，龙头企业和农户之间的商品契约有可能在长期内保持稳定，从而达到与要素契约相同的效果。邓俊森等（2006）研究了以批发市场和超市为主导的两种农产品流通模式，认为这两种模式能够有效改善当前农产品流通中存在的主要问题。张永丽（2005）对农民直接销售的交易成本与通过合作（组织化）销售的交易成本进行了比较分析，认为通过合作销售农产品可以降低交易成本，但是会产生管理成本（代理费用）。生秀东（2007）通过对交易费用进行划分，重新解释了"公司+农户"向"公司+合作社+农户"不断演进的现象。合作社可以同时减少农户面临的事前交易费用和事后交易费用，进而减少农户的总交易费用，也可以减少公司所面临的交易费用。郭崇义和庞毅（2009）以农产品流通实力为标准将农产品流通主体分为四种类型，并进一步提出了以龙头企业、合作社、批发市场等具有较强流通实力的流通主体为核心建立的六种农产品流通的主导模式。肖为群和魏国辰（2010）以供应链理论为基础分析了我国的农产品流通模式，认为我国农产品市场体系的主要内容包括农产品协议流通、组织创新和合作关系。杨青松（2011）以蔬菜的流通模式为研究对象，指出农产品流通模式应该是"农超对接"模式和批发市场模式并存。

4）农产品流通效率的研究

随着我国农产品流通体制改革的深化，农产品流通效率的问题日益突出，这也引起了越来越多学者的关注。罗必良等（2000）从分析农产品流通组织入手，提出农产品自身的特征与流通组织的高效率之间有着密切联系。宋则（2003）基于空间和时间的维度研究了流通效率的本质，认为提高流通产业整体效率的有效途径是减少库存量。柯柄生（2003）从市场服务、组织、设施、政策等方面对如何提高农产品流通效率提出了相应的政策措施。李春海（2005）从制度因素方面分析了制约农产品流通效率的因素，并指出了具体的对策措施。谭向勇等（2008）通过构建农产品流通效率的评价模型，实证检验了北京市几种主要农产品的流通效率。孙侠和张闯（2008）对大连蔬菜（茄子）流通进行了案例研究，认为流通成本在不同的流通环节是不同的，因此各流通主体之间的利润分配是不均等的，中间商比农民获取了相对高的利润。马凤才（2008）运用 DEA 模型研究了黑龙江稻米的流通效率问题。郭恒等（2009）从营运效率和经济效率两分法的角度，实证分析了脐橙的流通效率。郭红莲等（2009）应用层次分析法对北京市场上四种主要禽蛋流通模式的流通效率进行了分析。孙剑（2011）分析了农产品流通效率测度指标体系，运用农产品流通规模指标、流通效益指标和流通速度指标实证检验了 1998—2009 年我国农产品的流通效率。杨宜苗和肖庆功（2011）研究了锦州葡萄的流通模式，通过比较分析不同类型的农产品流通渠道，进一步说明了不同模式下的农产品流通成本、利润分配和流通效率是不同的。赵锋（2013）通过对国内外相关文献的分析，认为当前学术界对农产品流通效率问题还没有形成统一的认识，在评价体系、评价方法和影响因素等方面还需要进一步研究。

2.2.2 农民专业合作社研究

在《农民专业合作社法》正式出台之前，我国对农民专业合作社的称谓颇多，如农民专业合作经济组织、农民合作经济组织、农民合作协会、农民专业协会、专业农协等，尽管称谓不同，但其基本含义是一致的，即强调以农民为主体，通过合作形成一种经济组织。潘劲（2001）把流通领域的农民专业合作组织分为内生型与外生型两种形式。苑鹏（2001）结合多个案例，分析了自办、官办以及官民结合等不同类型的农民专业合作社。王新利和李世武（2007）认为我国东、中、西部地区在经济发展水平和资源禀赋方面差异明显，从而使得东、中、西部地区分别适合发展龙头企业带动型、能人牵头型和政府发起型的农民专业合作经济组织。何国平（2007）认为农业流通领域的合作组织是独立生产的农户在农业流通环节组建的合作社，其主要作用是实现农业流通环节的规模化经营，并与从事农业流通活动的工商企业相抗衡。

近些年来，我国农民专业合作社发展迅速，但在发展过程中也出现了很多问题。鲁国来（2001）认为，制度实施成本和服务供给成本比较高，从而限制了农民专业协会的发展。由庆国和林万龙（2005）指出，农民专业合作社作为一种民间供给的俱乐部产品，存在着规模较小、自我发展能力不强等问题。孔祥智和郭艳芹（2006）分析了我国农民合作经济组织的负责人、登记注册、组织和管理制度、服务范围、利润分配方式以及政府作用等各个方面存在的问题。尽管农民专业合作社在发展过程中存在很多问题，但并不妨碍其发挥着重要的作用。潘劲（2001）认为，流通领域的农民专业合作社在提高流通效率、保护农民利益、加强与工商资本的竞争、促进国合商业体制改革等方面发挥着重要作用。杜吟棠（2005）则肯定了农民专业合作社在提高农民组织化程度、提高农业商品化程度、促进农民增收等方面的突出作用。梁世夫等（2006）的调查分析表明，农民专业合作社对于提高农民的市场交易地位、弱化市场风险、促进当地主导产业的形成、提高农产品的竞争力以及促进本区域内农村社会发展等方面具有积极效应。

林坚和王宁（2002）、王震江（2003）、王醒男（2006）等学者对美国、日本等国外农民专业合作社的理论与发展实践进行了介绍。袁秀华（2000）分析了日本农产品流通体制的成功经验，主要体现在：建立一批发达、规范的农产品批发市场；农协成为一体化经营的桥梁和纽带；农产品加工业成为供、产、销一体化农业的主导产业；积极的宏观调控为一体化农业的发展创造了良好的外部环境。唐柏飞（2003）考察了丹麦的粮食流通情况和合作社组织的发展情况，提出了我国深化粮食流通体制改革的措施：逐步建立以出口为导向的粮食生产战略；建立服务于农民的合作组织；加强对农民的素质教育工作；进一步完善粮食补贴政策。王醒男（2006）运用当代政治经济学的主流理论和工具，对日本农协的演变过程进行了系统梳理和分析，认为某些反市场原理的因素促成了农协的产生与存续，他还指出日本农协的发展模式不能在我国盲目推广。周淑景（2002）介绍了法国农业合作社的发展状况，指出法国农业合作组织数量庞大、种类繁多，不仅有农民专业合作社，还包括农业协会、合作企业等其他多种模式，这些农民专业合作社为农业产前、产中、产后提供田间管理、技术指导、信息咨询等多种服务。

杜吟棠和潘劲（2000）分析了京郊顺义区几个农民专业合作社产生的历史背景和制度特征，并对契约型合作、出资型合作和会员制合作等不同类型的农民专业合作社进行了区分。他们认为，我国出现的大部分农民经济合作组织在制度特征上都介于股份制企业模式与传统合作社模式之间，发展方向类似于国外新一代合作社模式。喻国华（2004）提出，我国农村合作经济组织的发展模式可以借鉴欧美的大型专业合作社和东亚地区的综合合作社；在推动方式上，应处理好政府推动与农民自愿的关系，一种是将政府作为发展农村合作经济组织第一推动力的自上而下的推动方式，另一种是让农民自愿地自下而上组织起各类合作社。他还认为，政府应该更好地发挥作用，如加强宣传、发动；提供法律保障，搞好制度规范；加大财政信贷等配套支持力度；开展教育项目培养人才等。

赵鲲和门炜（2006）从合作社与有限责任公司对比的角度出发，认为农民合作组织的独有特征表现在利润分配、财产组织、决策机制和退出机制等方面。林坚和马彦丽（2006）的研究表明，与投资者所有企业相比较，在与农民进行的交易中，农业合作社是更有利于节约交易费用的制度安排，同时它也是一个高成本的组织。农业合作社节约的交易费用和产生的组织成本的比较决定了农业合作社的边界。秦中春（2007）

通过对苏州市古尚锦碧螺春茶叶合作社改制的调查，发现在政府政策的引导下，合作社的基本制度从二次分配顺利转变为土地入股（干股），合作社的组织结构从松散型转向紧密型，从而为提高组织效率和解决合作社制度本身存在的问题提供了途径，也为创新农民承包地集约使用方式提供了条件。

杜吟棠（2002）指出，"农户+公司"是一种内涵宽泛的制度安排，可以包括多种类型，如"农户+合作社+公司""农户+基地+公司""农户+协会+公司"等。咸春龙（2002）指出，农户处于无组织状态，农户与龙头企业之间的地位是不平等的，农户在农产品流通过程中处于不利地位，农户不能分享农产品流通过程的价值增值，而发展农民合作社等中介组织是推进农业产业化向更高层次发展的重要途径。

周立群和曹利群（2001）在对山东省莱阳市进行调研的基础上，描述和分析了农业产业化的进程，即"龙头企业+农户"和单纯合作社组织被"龙头企业+合作社+农户"与"龙头企业+大户+农户"两种新型的组织形态所取代。郭晓鸣等（2006）认为，农民专业合作社可以提高农民的组织化程度，增强订单农业中企业与农户之间利益的关联度，提高订单农业的履约率。郭红东等（2007）围绕上海某保健食品公司订单农业的案例展开分析，认为农民专业合作组织是订单农业顺利发展的有效载体，在订单签订和订单执行过程中，农产品行业协会可以起到服务、协调和监督的作用。

刘滨（2009）、徐旭初（2009）、赵佳荣（2010）等学者分析了农民专业合作社的绩效评价问题，并提出了具体的绩效评价指标体系。孙艳华（2007）、黄胜忠（2008）、徐旭初（2012）等学者进一步实证分析了农民专业合作社的绩效与治理机制紧密相关的问题。罗必良等（2010）分析了农民专业合作社的经济绩效和制度安排，认为农民专业合作社的经济绩效不但取决于合作社内部的制度安排，而且取决于制度安排与交易环境，以及交易对象的相容性。

2.2.3　农民专业合作社与农产品流通关系研究

农民专业合作社是农产品流通渠道体系中的重要主体，在农产品流通过程中发挥着重要作用。潘劲（2001）认为，农民专业合作社在提高流通效率、保护农民利益、加强与工商资本的竞争、促进国合商业体制改革等方面起着重要作用。杜吟棠（2005）肯定了农民专业合作社在提高农民的组织化程度、提高农业的商品化程度、促进农民增收等方面的突出作用。梁世夫等（2006）在对湖南省岳阳市的农民专业合作社进行调查的基础上，验证了农民专业合作社在提高农民的市场交易地位、弱化市场风险、促进当地主导产业的形成、提高农产品的竞争力以及促进区域农业发展等方面具有积极效应。

刘军（2007）、赵玻和石秀和（2008）、周殿昆（2010）等学者对农产品流通与农民专业合作社发展的相关性进行了分析，认为目前应大力培育和发展农民专业合作社，增强农民（或农民专业合作社）在流通渠道中的讨价还价能力，提高农产品流通效率。赵晓飞（2009）、隋姝妍和大岛一二（2010）、钱淼（2013）等强调了农民专业合作社在农产品流通过程中的作用，指出了农民专业合作社参与农产品流通体系的必要性和可行性。

2.2.4　简评

有关农民专业合作社与农产品流通问题，国内外学者进行了广泛的研究，积累了大量的文献资料。但是，从现有文献来看，国内外对农民专业合作社与农产品流通的研究大多是相对独立的。在研究农产品流通问题时，农民专业合作社只是众多流通主体和组织之一；在研究农民专业合作社时，大多数研究都集中在农民专业合作社的发展机制和治理机制上，并没有把农民专业合作社置于农产品流通体系建设的大背景下来考虑。这种做法忽视了农民专业合作社与农产品流通之间的内在关联，会对全面而深入地把握农产品流通问题形成阻碍。

2.3 理论基础

2.3.1 交易费用理论

科斯（Coase，1937）在《企业的性质》一文中首次提出了"交易费用"这一概念，他认为交易费用是为了获得准确的市场信息所要付出的成本，以及围绕交易契约所产生的成本。威廉姆森（Williamson，1985）认为，直接的交易费用可分为两个部分：一是事前的交易费用，即为签订契约，规定交易双方的权力、义务和责任等所花费的成本；二是事后的交易费用，即签订契约后，为监督和执行契约、变更契约及退出契约等所发生的成本。除直接交易费用以外，还包括由于治理机制决策不当造成的机会成本。

相对于新古典经济学将企业看成一个生产函数的"黑箱"，交易费用理论明确地认为企业不仅是市场的一部分，而且是市场的一种替代机制。在科斯（1937）看来，当市场机制所引起的交易费用高于企业内部交易的成本（管理成本）时，企业就出现了，此时经济交易将被纳入企业内部由权威机制来组织。在科斯经典研究的基础上，以威廉姆森为代表的很多经济学家对交易费用理论进行了卓有成效的拓展性研究。在威廉姆森（1985）看来，任何可以将其直接或间接归为签约的问题，都可以用交易费用理论来分析。威廉姆森（1985）在有限理性和机会主义两个基本假设下，用不确定性（环境不确定性和行为不确定性）、交易频率和资产专用性三个要素刻画了交易的特性。交易特性是由这三个要素综合构成的，交易特性决定了交易的方式和交易关系中应该采取的治理机制。在最初的理论框架中，交易关系的治理机制是在市场和科层之间的基本选择，即当不确定性、交易频率和资产专用性的程度都很高时，企业（一体化）机制就是有效率的；当这些因素处于很低水平时，市场（价格）作为治理机制是有效率的。在后来的研究中，威廉姆森还指出，在企业和市场之间还存在各种中间组织形态，这些中间组织形态可以是双边的，也可以是多边的，还可能是相互交错的。

交易费用理论具有较强的解释力，它是目前国内学者研究农产品流通中的交易关系时的主要理论工具，它对农产品流通的很多问题和现象都做出了合理的解释。本书在一定程度上也遵循现有的研究路径，应用交易费用理论对农产品流通模式问题进行解释。

2.3.2 营销渠道理论

在流通经济理论中，流通渠道一般是指商品或服务从生产者向消费者转移时所经过的通道（夏春玉，2013）。在营销学中，营销渠道是指促使商品和服务能够顺利地被使用和消费的一系列相互依存的组织（科兰等，2008），这些组织构成了产品或服务从生产领域向消费领域转移所经过的路径。从流通渠道与营销渠道的定义来看，显然二者所关注的是同一种经济组织过程，它们的主要区别是视角不同。流通渠道侧重的是宏观视角，是站在全社会的角度来看待商品和服务从生产领域向消费领域的转移过程（李飞，2003）；而营销渠道强调的是微观视角，主要是站在营销主体的角度来关注产品从生产者向消费者转移的过程（庄贵军，2004）。

营销渠道的基本功能是低成本、高效率地将商品或服务从生产领域向消费领域转移，从而更好地满足消费者的各种需求。在营销理论中，营销组合要素包括产品、价格、促销和渠道（简称4P）四个，其中营销渠道是4P中唯一涉及跨组织管理的要素，因而渠道管理成为一个巨大的挑战。一方面，营销渠道成员之间是相互独立的，这些各自独立的经济组织都有自身的利益诉求，通常它们的目标是相互冲突的。另一方面，由于专业化分工的强化，这些独立渠道的成员都专注于更少的、更专业化的渠道功能或渠道流程，虽然这在一定程度上提升了自身的运行效率，但是渠道成员之间往往存在目标、利益等多方面的冲突，如果渠道成员都按照自身利益最大化的原则来行动，就会影响整个渠道系统的运行，继而也会影响每个渠道成员的利益。因此，为了实现各自的目标，渠道成员间相互依存的关系促使他们保持一定水平的合作。

为了提高渠道整体的运行绩效，学者们和渠道管理实践者从不同层面设计了很多机制来解决这一问题。最早的研究从营销学建立与发展的早期就开始了，主要集中于对渠道结构选择与设计的分析（张闯，2008）。关于渠道结构的选择与设计，早期经典研究将以微观经济学为核心的经济学理论作为理论基础，聚焦于降低渠道成本和提升渠道效率等较为宏观的问题。营销管理者们和学者们的目标是如何使渠道结构更加合理，渠道结构如何才能以更高的效率和更低的成本来执行渠道功能。因此，渠道成员的选择和渠道结构的选择（如中间商的选择、渠道的宽度与长度选择、外包或是一体化的选择）是早期营销渠道理论的焦点问题。实质上，营销渠道结构选择与设计的理论构成了流通渠道理论的一部分。

然而，渠道结构理论过分强调了渠道结构选择与设计的重要性，忽视了渠道成员间相互作用的关系，因而渠道结构的变化并不能保证渠道的高绩效。20世纪60年代以来，渠道行为理论出现，越来越多的西方营销学者开始关注和研究营销渠道成员间的交互作用，研究重点是渠道成员间的各种互动行为对渠道绩效的影响。渠道行为理论在发展过程中，借鉴了政治学、社会心理学、社会学等行为学科中的一些基本理论。渠道行为理论认为，营销渠道不仅是一个经济系统，更是一个社会系统，发生在渠道成员间的各种交易不但具有经济属性，更具有社会属性。因此，要对营销渠道运行机制进行深刻解析，不但要关注渠道成员间的经济互动行为，更要关注渠道成员间的社会互动行为。营销学者们对营销渠道系统中的渠道行为主要集中于渠道依赖、渠道权力及其应用、渠道合作、渠道冲突、渠道控制、渠道满意等方面，学者们围绕渠道行为进行了深入的研究，积累了大量的文献。

本书将营销渠道理论（特别是渠道结构理论和渠道行为理论），引入农产品流通问题的研究中，作为对交易费用理论和合作经济理论的补充，将其作为分析农产品流通模式的理论基础。

2.3.3　合作经济理论

20世纪早期最有影响力的农业合作社理论是以诺斯为代表的市

场竞争标尺学派和以萨皮诺为代表的美国加利福尼亚学派。学者们一般认为，关于农民合作社的经济模型最早开始于 Emelianoff（1942）和 Enke（1945）的研究。1942 年，Emelianoff 出版了专著《合作经济理论》，他把合作社作为一种纵向一体化的模式进行了分析。1945 年，Enke 发表了论文《消费合作社和经济效率》，把农民合作社视为一种企业。随着研究的不断深入，合作社理论逐渐形成了纵向一体化理论、企业理论、联盟理论和契约理论四种比较有代表性的理论。

1）纵向一体化理论

Emelianoff（1942）、Phillips（1953）、Robotka（1957）等人首先提出了合作社的纵向一体化模式。Emelianoff（1942）把研究的重点放在成员关系上，建立了一个相对复杂的合作社理论模型，他把合作社看作农场的延伸，是独立的农场主的不完全联合，认为农业合作社是独立的农场主为了从纵向协调中获益的一种联合行动。此后，Phillips（1953）根据 Emelianoff（1942）的纵向一体化模型建立了一个产出和价格决策模型。他从社员利益最大化的假设出发，推导出基于社员利益最大化的合作社目标函数的最大值。当每个合作社成员的边际成本与合作社的边际成本之和等于合作社的边际收益时，合作社就实现了最优产出，同时也实现了每个社员的利润最大化，而这种理论也只是分析了营销型的农民合作社。Harris（1996）认为合作社走垂直一体化的道路还存在着一些非经济因素的形响，如人们的情感因素等。

2）企业理论

Enke（1945）首先提出了消费合作社的企业理论分析框架。他提出一个合作社的生产者剩余和社员的消费者剩余之和如果达到最大化，社员的福利就能实现最大化。Enke 还指出，合作社需要一个类似于企业经理的协调者来进行决策和协调内部生产经营活动。此后，Helmberger 和 Hoos（1965）以 Enke（1945）的研究为基础建立了一个合作社模型，农民合作社主要按照社员的惠顾额或惠顾量返还收入，从而实现福利的最大化。类似的研究在 20 世纪 60 至 70 年代非常流行，丰富了合作经济理论的研究。20 世纪 90 年代以来，Sexton（1990）、Feinerman 和 Falkovitz（1991）、Tennbakk（1995）、Albaek 和 Schultz（1998）等学者应用新古典理论进一步拓展了"作为一种企业的合作社"的理论。

3）联盟理论

联盟理论认为，合作社是一种联盟，该理论主要讨论了合作社成员可以通过共同行动来获取利益，但是社员间的利益分配要靠讨价还价来实现。这一理论起步于 20 世纪 80 年代，Staatz（1983）、Vitaliano（1983）、Sexton（1986）等学者运用博弈论等理论进行的研究。进入 20 世纪 90 年代，Zusman（1992）、Fulton 和 Vercammen（1995）、Hendrikse（1998）、Fulton 和 Giannakes（2000）、Banerjee 等（2001）等学者展开了卓有成效的研究，进一步丰富了把合作社作为一种联盟的理论。

4）契约理论

契约理论将农民合作社视为一种合同契约。该理论认为农民合作社的所有利益相关者之间的关系都是通过契约连接的。Eilers 和 Hanf（1999）利用"委托－代理理论"分析了农民合作社中最优契约设计的问题。他们指出，当合作社经理人向农民提供契约时，经理人是委托人，而农民是代理人；反过来，当农民向合作社提供契约时，农民是委托人，而合作社经理人是代理人。Hendrikse 和 Veerman（2001a，2001b）分别用不完全契约理论和交易成本理论，分析了合作社治理结构选择和投资决策选择，以及在农民合作社中投资限制和控制约束的权衡关系。Hendrikse 和 Bijman（2002）分析了生产者治理结构的选择问题。他们以不完全的契约为理论基础，探讨了在多层级的条件下所有权结构对投资的影响。

综上所述，农民合作社在西方国家的农业领域中占据着重要的地位。新古典经济学主要利用均衡分析和边际分析研究合作社的价格和产出决策对农业产业的竞争均衡造成的影响，认为农民通过合作社可以实现纵向协调，有利于农民实现规模生产、获得技术、增加融资、降低风险和提高质量，从而节约生产成本，实现规模经济效益。随着合作组织理论的发展，越来越多的学者应用新制度经济学和博弈论来解释成员利益的异质性、投资动机和决策规则的设计等一些复杂的组织制度问题，并开始关注异质性的成员间由于利益的冲突给组织效率所带来的影响。这些合作经济理论给为本书农民专业合作社介入的农产品流通模式的研究提供了理论依据。

3　中国农产品流通模式发展现状

　　自 1978 年改革开放以来，随着以家庭联产承包责任制为核心的农业生产经营体制改革的推进，党中央、国务院启动了以市场化为中心的农产品流通体制改革，打破了国合商业在农村流通中的垄断地位，促进了农产品流通的市场化。经过 30 多年的改革与发展，一个以市场调节为基础，国家宏观调控下的多形式、多渠道、多层次的农产品流通体系已初步建立（夏春玉等，2009）。但是，由于长期受城乡二元经济结构影响和农村生产力水平较低的制约，目前农产品流通现代化水平不高、流通信息化薄弱、流通成本较高、流通基础设施不足、农民进入市场困难等问题依然十分突出，这进一步带来了农民增收困难、农产品价格波动剧烈、农产品质量安全等诸多问题，从而影响了居民对农产品的消费，抑制了农业与农村的发展，甚至阻碍了整个中国经济的现代化进程。因此，本章将重点剖析我国当前存在的主要农产品流通模式。

　　经过多年的发展，我国农产品流通体系逐步完善，逐渐形成了以农户、批发商、农民专业合作社、农产品加工企业以及零售商为主要流通主体，以未加工农产品和初级加工产品为主要流通客体，以批发市场、农贸市场和超市为载体，以农产品集散及现货交易、期货交易为基本流通方式的格局。这种格局是由计划调控下的统购统销模式向市场化变革演变而来的。图 3-1 描述的农产品流通体系是对现实经济情况的最简单的概括。从中国的现实情况来看，农产品需要经过众多的中间环节，才能从分散的农户生产者流转到消费者手中。中国农产品的流通渠道长期以来一直是"农户—收购商（批发商）—批发市场—零售商—消费者"这种多环节、长链条的流通模式。同时，随着经济的发展和技术的进步，"农超对接"模式、"电子商务直销"模式等新型农产品流通模式应运而生，也为我国农产品流通模式创新提供了新的选择方向。下面，本书将从农户的视角出发，着重介绍"农户+市场"模式、"农户+经纪人"模式、"农户+批发商"模式、"农户+龙头企业"模式以及"农超对接"模式五种典型模式。

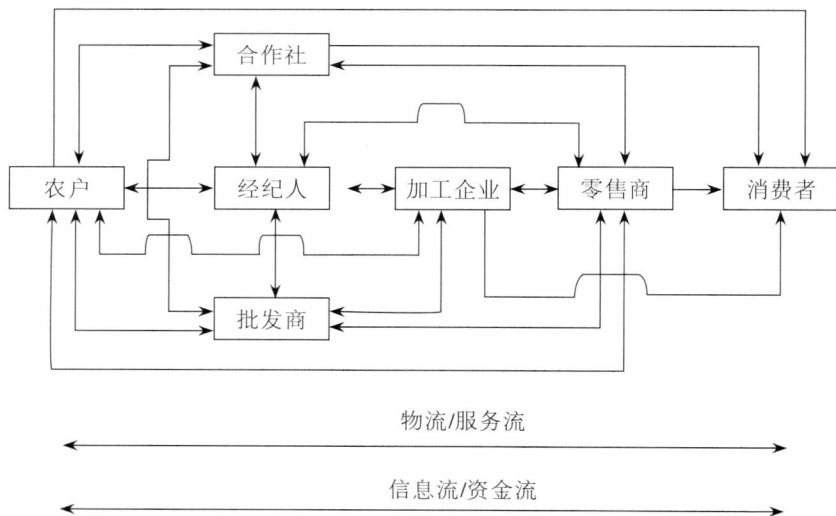

图 3-1　农产品流通体系组织图

3.1　"农户+市场"模式

　　"农户+市场"是一种直接流通模式，主要是指农户不经过任何中间环节直接将农产品销售给消费者的流通模式。在该模式中，农户与消费者之间的关系非常松散，大多是一次性交易。农产品主要由农户自己运输，主要通过地县、乡镇一级的农产品农贸市场，或者将农产品运到居民小区，实现与消费者的面对面交易。这种农产品流通模式是农户与消费者双方直接见面进行现货交易，但因营销渠道辐射面小、半径小，农户往往难以准确把握市场整体的交易信息，无法充分实现调节农产品供求的功能。这种流通模式实现的条件是农户与消费者的距离很近。目前，这种农产品流通模式主要存在于我国一些商品流通不发达的落后地区、城乡接合处和某些品种农产品的局部交易中。

"农户+市场"的直接流通模式具有传统农业下农产品流通的显著特征，小农户在这样的农产品流通模式中既承担着生产者的角色又承担着流通者的角色。虽然这条流通路径在绝大多数情况下是农户直接和消费者交易，没有中间环节，但由于消费者和小农户的双重分散性使得这种流通模式无法承担农产品的大批量流通，从而造成农产品流通的效率低下，耗费的时间成本、人力成本高，特别是农产品季节性、鲜活性特点明显，低效率的流通渠道导致的后果必然是农产品"卖"难，来自于市场的不确定性给农户带来了巨大的风险。此外，小农户由于受到自身条件的限制（主要精力在生产、资金技术等相对缺乏），不可能让农产品实现大规模高效转运。这种流通模式只是农产品流通最初级的形态，不符合以专业化分工为特征的现代化农产品流通的要求。

3.2 "农户+经纪人"模式

"农户+经纪人"模式是指农户通过经纪人进入市场销售农产品的流通模式，该模式以经纪人为中介，一般情况下，农户与经纪人之间的关系并不紧密。我国农户规模小而分散，参与农产品流通具有天然的弱势，从而限制了农产品在更广阔的市场上高效流通。经纪人的出现，是农产品流通专业化分工的结果，在农户和市场之间架起了一座桥梁。随着改革开放的深入，农村市场经济迅速发展，农产品流通体制由原来的统购统销向市场化变革，因此一些有开拓精神、善于经营、有见识的农户就从农业生产中分工出来，成为农民经纪人。这些农民经纪人开展农产品购销运经营，提供中介交易服务，为农副产品的交易双方搭桥牵线，从而加快了农产品的流通，促进了农村经济的发展。

农民经纪人是连接农户与市场的桥梁，主要为农户提供信息传播、产品销售、物流配送、技术辅导等中介服务，他们在搞活农产品流通、繁荣农村经济、增加农民收入等诸多方面发挥着积极作用，有很强的影响力。农产品经纪人本身就是农民，他们往往更接近普通农户，特别是在偏远农村，由于龙头企业和农民专业合作社等流通主体发展不足，因此农民经纪人承担了农产品集散和流通的功能。但是农民经纪人大多是掌握一定农产品市场信息的"二道贩子"，不仅规模较小，而且具有较强的投机思想。目前，我国符合传统意义的农民经纪人相对较少，一般都是自己运销与中介经纪服务混合在一起，经纪人服务的范围也不限于农产品，还包括农业技术服务、农用物资供应等方面。所以，农民经纪人一般泛指农产品经纪人和农产品运销户。

由于我国农民经纪人发展的基础比较薄弱，农产品市场发育还不完善，因此我国农民经纪人的发展无论在规模上、层次上还是发挥作用等方面都远未到位，仍然存在较多问题，主要包括以下几个方面：

一是独立经营，孤军作战。由于农民经纪人是自发产生的，个人色彩浓厚，缺乏组织或组织形式过于松散，因此大部分农民经纪人都是独立经营、无序竞争的。二是实力不足。很多农民经纪人由于资金有限，资本积累少，难以扩大规模，经营上具有很大的盲目性。三是个人素质不高。受农村教育大环境影响，农民经纪人的受教育水平普遍偏低，有的经纪人甚至连小学都没毕业，从而限制了经纪人获取信息、把握市场动态的能力。四是经纪人协会发育程度低，缺乏调控手段。在现有的各类经纪人协会中，普遍存在规模小、人员少、管理混乱等方面的问题。五是受到外部环境的制约。一些地方政府部门和领导观念比较陈旧，对待农民经纪人往往采取"自生自灭"的态度，没有充分认识到农民经纪人的地位和作用，财政金融部门对农民经纪人也缺乏有力的保护和扶持政策，从而在一定程度上制约了农民经纪人队伍的发展。

3.3 "农户+批发商"模式

农户通过批发商销售农产品的农产品流通模式称为"农户+批发商"模式。这种模式的特点是批发商在农产品主产区进行收购，然后通过批发市场进行跨区域流通，批发市场成为农产品的主要集散地，该模式中农户与批发商之间的交易关系不够紧密。农户通过批发商进入市场是我国农产品流通的一条重要通路。在相当长的一段时间内，依托于农产品批发市场的"农户+批发商"流通模式将是我国农产品流通的主要模式。我们通过对农户的问卷调查收集的数据也支持了这一论断，具体数据分析将在第5章进行阐述。

以我们对大连市的"大菜市"农产品批发市场中的蔬菜批发商的调研为例，有的批发商经营蔬菜品种较多，他们的蔬菜主要来自山东，他们会在山东当地找到一个农户（小贩）帮忙代收各种蔬菜，然后装车把菜运到大连，小贩的回报是每斤蔬菜提成1分钱。还有的批发商只经营一种蔬菜，其中有一个批发商只经营大白菜，由于大白菜的种植规模往往比较大，因此这个大白菜批发商直接与农户进行交易，农户把收割的大白菜直接装车运到大连，省去了小贩收购的中间环节。因此，"农户+批发商"的农产品流通模式中又隐含了两种具体模式：

一是在农户和批发商之间存在收购小贩。农民将农产品收割并做简单的处理之后便会直接卖给农产品收购小贩；这些小贩收购一定数量的农产品后，再将农产品转卖给批发商；批发商集中了众多农产品后，再通过批发市场转卖给零售商；零售商再把农产品卖给消费者。这种模式是我国最普遍的农产品流通方式，其特点是：农户需要与小贩进行交易，因此农户对小贩比较依赖。

二是没有收购小贩的流通模式。这种模式的前提条件是农业集群，也就是说某种农产品（比如大白菜）在某个地区要形成规模种植，还有可能会进一步形成产地批发市场（如山东寿光农产品批发市场）。由于农产品大规模生产，因此农户能够以较低的成本直接进入市场与批发商进行交易。这种模式的特点是农户与批发商的交易关系不会特别密切。

一个原因是农产品具有季节性，一季农产品收获后，农户和批发商的交易关系就会断掉；另一个原因就是众多农户生产同类产品，竞争激烈，批发商可以频繁更换交易对象，农户与批发商之间彼此依赖的程度较低，因此交易双方无须建立长期稳定的交易关系。

从以上两种模式的特点可以看出，"农户+批发商"流通模式存在以下问题：首先，作为农产品流通主体的农户和批发商规模小、数量众多、组织化程度偏低，这就增加了农产品流通的复杂程度，在增加交易次数的同时也提高了交易成本。其次，农产品流通渠道的关系不稳定。由于农户与批发商的利益冲突激烈，批发商往往对农户的农产品压低收购等级，进而压低农产品的价格，农户作为市场价格的承受者，其收入风险增加了。最后，农产品流通渠道环节众多。众多的农产品流通主体并不是专业化分工深化的结果，这些渠道参与者的功能通常是重叠的，从而大大增加了农产品的流通成本，降低了农产品流通效率，结果就是农户所得甚少，其利益被严重压缩，同时让消费者承担农产品高昂的价格。

3.4 "农户+龙头企业"模式

"农户+龙头企业"模式是指农户把农产品销售给龙头企业的农产品流通模式。这一模式也包含了两种具体模式：一是农户与龙头企业按照市场价格进行现货交易，这种模式研究的学术价值有限，因此本节不做特别分析；二是农户与龙头企业通过签订契约（合同）来实现农产品交易，其实质是一种"契约型"农产品流通模式，通常也被称为"订单农业"或"合同农业"等，这种模式是学术界和实践者非常关注的，具有很高的学术价值和很强的实践意义，因此本节所分析的"农户+龙头企业"模式主要是指这种以契约为核心的交易模式。此外，本节所分析的龙头企业是指主要从事农产品生产加工的企业。

"农户+龙头企业"模式也是一种农业产业化的模式，即龙头企业与农户在明确各自义务与权利的条件下，通过签订契约、合同或通过其他方式，把农产品生产、供给、销售等不同阶段连接起来，按照利益共享、风险同担的原则组织生产、加工、流通以及其他服务的一种组织形式。20 世纪 90 年代初期，农民合作组织尚处于起步阶段，其他各种农产品流通中介组织也发展缓慢，因此"农户+龙头企业"的组织模式成为当时农业产业化的主要形式。

对农户来说，选择"农户+龙头企业"模式的激励来源于：第一，农户能够获得稳定的农产品销售渠道，减少了盲目生产的风险，农户的生产与收入预期比较稳定。在"农户+龙头企业"模式中，农户通过与龙头企业合作交易，将部分生产经营风险与交易费用（搜寻成本和信息成本等）转移给了龙头企业，但农户失去了自由销售的权利，进而可能会减少农户的潜在收入（例如，当农产品市场价格高于合同价格时），这是契约交易必须付出的机会成本。第二，农户能够获得服务，提高了生产经营效率。龙头企业能为农户提供生产资料、信息、资金、技术指导以及其他附加服务。第三，农户与龙头企业进行资本合作，那么农户通过投入资本，可以按投入比例分红，增加了农户提高收入的途径。

对龙头企业而言，与农户合作的激励在于：第一，获得稳定的原材料供应，以规避经营过程中因原材料的不稳定供应而可能产生的风险。龙头企业的规模越大，对原材料稳定供应的需求就越强烈。这里的"稳定"不仅是指产量的稳定，更重要的是质量与价格的稳定。通过与农户签订"订单合同"并提供必要的激励措施，龙头企业就能够满足原材料稳定供应这一要求。这种关系交易与工商企业之间广泛存在的合作交易或订单交易具有相同的原理。第二，通过"农户+龙头企业"的组织模式，龙头企业能够扩大生产经营规模，并带动农产品产业链的完善。例如，增加生产资料（饲料、种苗、专用设备等）的销售，能够获得更多的"盈利"，甚至可以认为是龙头企业的一种"搭售"行为。第三，由于农产品的特殊性，它无法像工业品一样实现完全"工厂化"生产，如果龙头企业直接经营农业生产环节，往往会带来"规模不经济"，这主要是由于企业内部监督、管理成本过高。因此，与农户签订农产品生产的订单合同是龙头企业的理性选择。这与工商企业将产业链中非核心竞争力的环节"外包"出去具有异曲同工之处。

以"农户+龙头企业"为主要组织形式的农业产业化经营蓬勃发

展，在农业产业化初期对于推广农业产业化经营思想、带领农户参与市场竞争、培育农产品流通主体和引导农业产业结构调整等发挥着重要的作用。但是，随着农业产业化和订单农业不断深入发展，"农户+龙头企业"的组织模式也引发出很多问题和矛盾。有关资料表明，"订单农业"违约率曾经一度高达80%（刘凤芹，2003）。从根本上讲，"农户+龙头企业"的农产品流通组织方式存在两大缺陷：一是存在"不平等"的初始契约；二是存在履约障碍及较高的违约治理成本。

初始契约的"不平等性"是指由于龙头企业和农户之间在信息、权力、地位等方面是不平等的，所以造成了双方在契约中规定的义务和权利的不平等。我们可以从以下几个方面进行解释：首先，从信息经济学的角度理解，龙头企业与农户存在着信息不对称的问题。龙头企业往往掌握更多的市场信息，熟知政府的法律法规和经济政策，在市场经济信息的收集、加工、分析、预测以及运用方面处于优势地位；而我国农户传统的小农经济思想严重，受教育程度偏低，市场经济意识薄弱，不能够及时、充分、准确地捕捉、辨别、分析市场经济信息，在掌握信息和运用信息方面明显处于劣势。其次，从渠道权力理论来理解，初始合约的"不平等性"来源于龙头企业与农户的权力结构失衡（张闯和夏春玉，2005），即交易双方的规模、权力大小相差悬殊，谈判地位和力量也相差悬殊。与众多分散的单个农户相比，龙头企业拥有更多的资源，它可以通过实力展示、承诺、威逼利诱等策略来使农户签订更有利于龙头企业的契约，因而龙头企业也拥有更多的权力。最后，单个农户分散且实力弱小，无法与龙头企业进行对等谈判，即使个别农户对合约条款不满意，只要不出现农户的"集体行动"，龙头企业就不会在合约上做出让步。因此，在"农户+龙头企业"的组织模式下，处于弱势地位的农户必然强烈"依赖"于处于强势地位的龙头企业，这就使得弱势农户丧失了部分权利，因而农户缺乏充分的激励去付出努力以寻找更有效的生产经营方式，从而加大了组织内部的管理运营成本。随着农户对龙头企业依赖性的加深，农户在很大程度上丧失了生产经营的独立自主性，从而成为龙头企业垄断权力控制下的"生产车间"。这一方面意味着农户部分经营权的丧失，另一方面意味着龙头企业与农户不可能平等地分享成果，即农户比龙头企业分享的成果更少，从而降低了农户的生产积极性。

履约困难及违约治理成本较高是"龙头企业+农户"流通模式的另一大制度缺陷。履约困难的根本原因在于双方利益目标的不一致性，农户与龙头企业是不同的利益主体，都追求各自利益的最大化，交易双方机会主义倾向严重，都具有强烈的违约动机。按照信息经济学的观点，在交易双方存在信息不完全和信息不对称的情况下，通常会引发逆向选择和道德风险。逆向选择是指掌握更多信息的一方会在签约前利用自己的信息优势，采取隐藏信息或知识的行为谋求自身利益，同时可能会损害信息少的一方的利益。在"农户+龙头企业"的农产品流通组织模式下，显然龙头企业拥有更完备的市场信息和法律政策知识而农户并不具有，因此龙头企业就可能隐藏知识，或诱使农户签订不合理合约，将市场风险推向农户甚至直接违约。反过来，农户也拥有一些龙头企业不具备的信息，也有可能隐藏知识。道德风险是指掌握更多信息的一方会在签约后利用自己的信息优势，采取隐藏信息或行动的方式谋求自身利益，同时可能会损害信息少的一方的利益。在"农户+龙头企业"的组织模式下，双方签约后的行动本身是不可观察的，隐藏行动就可能发生，从而造成合约失败或发生违约行为，此时合约的执行就会与激励设计结合起来，变得非常复杂。由于信息的不对称性和监督惩罚机制欠缺，又没有建立起有效的合同约束机制，缔约双方均存在严重的机会主义倾向。具体地说，在签订合约之前，由于市场风险和自然风险并存，农户和龙头企业双方很难确定契约的详细内容。为了降低交易费用，只能签订较为粗略的不完全契约。这样的不完全契约便为双方事后的机会主义行为留下了借口和"公共空间"。实践中，龙头企业通常会对农产品"压级压价"，而农户通常会"隐瞒产量"，这两种形式的机会主义行为都是成本最低的或"有效"的违约。由于农户不拥有农产品等级标准和农产品售价的"话语权"，因此农户不得不接受龙头企业给出的收购价格和等级标准，从而使龙头企业对农产品的压级压价"有效"。在农户相对弱小的情况下，龙头企业实际掌握着利益分配的主动权，利润返还就成为龙头企业对农户的一种"恩惠"，特别是在龙头企业经营困难时，一些龙头企业常常不顾农户的利益，甚至有意转嫁风险，农户不仅分享不到加工、销售环节的利益，还有可能丧失自己部分应得的利益。此外，由于农户的生产信息是一种私人信息，龙头企业不知道这些信息，或者收集这些信息需要支付高昂的成本，因此农户隐瞒产量也是"有效"的。

"龙头企业+农户"流通模式履约困难还受到外部因素的影响，主要原因在于农产品市场的风险波动。农产品市场的风险波动既有需求因素，也有供给因素，但根本上是供给因素，经济学中的蛛网理论给出了合理的解释。农户的生产经营决策往往受到农产品价格变动的影响，从而导致了农产品市场的风险波动。在很大程度上，农产品生产会受到自然环境的影响，当出现自然灾害时，农产品产量减少，价格上升；当"风调雨顺"时，农产品产量增加，价格下降。当合同价格高于农产品市场价格时，龙头企业为了实现短期利益最大化，往往会减少合同收购，同时增加市场收购；相反，当合同价格低于农产品市场价格时，农户为了追求短期利益最大化，往往不会按照合约要求把农产品卖给龙头企业，而是会将部分或全部农产品在市场出售。因此在实践中，存在农户或龙头企业违约的大量案例。

违约治理成本是指履约方对违约方的惩治成本。一方面，合约的不完全性造成了违约治理成本高昂，由于农户与龙头企业之间存在信息不完全和信息不对称，从而导致了逆向选择和道德风险的发生。当一方通过隐匿信息或行为来违约时，另一方却无法证实，从而无法惩治违约的一方。例如，当市场价格高于合约价格时，农民可能隐瞒产量，以减少履约的数量，从而将隐藏的产量按市场价格出售；当市场价格低于合约价格时，农民可能虚报产量（增加的部分可以从市场购买），以增加履约数量，从而赚取合约价格与市场价格之间的差价。另一方面，当一方违约时，即使履约方能够证实对方违约，但是由于违约治理成本太高，因此履约方会放弃对违约方的"惩治"。例如，当农户违约时，理论上，龙头企业可以通过诉讼来惩治农户并获得赔偿。但实际情况是，面对着众多、分散的违约农户，龙头企业不但要付出诉讼费用，而且要付出很多的时间与精力，通过权衡利弊，龙头企业很可能放弃对违约农户的诉讼。同样道理，当龙头企业违约时，农户也可以选择通过法律诉讼来保护自身利益。但是，由于诉讼程序复杂、诉讼费用过高并且需要耗费大量的时间、精力，而每个农户的订单量有限，况且农户还有"搭便车"动机，因而通常情况下农户会选择放弃诉讼。

鉴于"农户+龙头企业"流通模式存在的缺陷，理论界和实践者提出了"农户+农民专业合作社+龙头企业"流通模式。在农户和龙头企业之间加入专业合作社这一环节，看似增加了农产品流通链条的长度，实则是对"农户+龙头企业"流通模式的完善与矫正。将"农户+农民专业合作社+龙头企业"与"农户+龙头企业"相比较，我们发现：农户和龙头企业的分工内容基本上保持不变，只是农户与龙头企业之间不再直接进行关联，由农户自发构成的农产品专业合作社取代了农户个人与龙头企业签订契约的方式，合作社充当了农户与龙头企业之间的桥梁。农业合作社将分散的农民集合起来，根据订单要求组织生产，并对农户的农产品进行统一收购，然后组织进行销售。合作社介入农户和龙头企业之间的具体分工为：第一步，合作社与龙头企业按照合约规定下订单，明确农产品需求（订购数量、质量标准、技术指标），然后由合作社联系农户并安排生产；第二步，在农产品生产过程中，合作社全程为农户提供农资、信息、资金、技术支持等全方位服务；第三步，合作社与龙头企业一起验收农产品、完成交易。

"农户+农民专业合作社+龙头企业"模式的优点在于：首先，农民专业合作社是社员农户的代表，合作社与龙头企业交易能够减少交易成本（包括搜寻成本、签约成本、监督成本和执行成本等），降低违约倾向，稳定双方的交易关系；其次，同分散的单个农户相比，农民专业合作社作为一个组织，其实力大大增强，能够平衡与龙头企业之间的权力结构，在谈判、签约和履约过程中能够代表农户的利益，为农户争取更多的权益。最后，农民专业合作社是非营利性组织，以服务农户和惠顾农户为己任，因此农户的利益会得到强有力的保障。尽管我国农民专业合作社近年来发展迅速，数量不断增加，然而也要清醒地看到，农民专业合作社在我国的发展还处于初级阶段，缺乏规范性，其经营管理机制还不完善，因此培育实力强、有竞争力的农民专业合作社是当下工作的重点。本书将在第 6 章重点解析农民专业合作社介入的农产品流通模式。

3.5 "农超对接"模式

农产品"卖难"现象的产生以及超市的迅速发展为"农超对接"模式的出现奠定了基础，该模式是从传统农业向现代农业转变的必然阶段。有数据显示，目前，亚太地区农产品超市的比例达 70% 以上，美国达 80%，而我国仅占 15% 左右。自 2008 年年底以来，我国发布了多个文件推动"农超对接"由局部试点向在全国全面铺开，已成为政府高层推进农产品流通现代化的一项重要举措。近几年，"农超对接"作为一种新型的农产品流通模式在各地得到快速发展，推动了我国农产品流通体系的变革，加快了农产品流通现代化的进程。"农超对接"作为我国农产品流通的一种重要模式，就是着眼于通过提高农民的组织化程度和减少中间环节以实现提高农民收入、强化农产品质量安全控制和增加消费者福利等多种政策目标。本节将对"农超对接"这一特殊的农产品流通模式予以深入分析。

"农超对接"模式是指超市凭借自身在市场管理、市场信息等方面的优势，全过程参与农产品生产、加工、流通，为农户提供信息咨询、物流配送、产品销售、技术支持等多方面服务，将小农户与大市场有效连接起来，从而成为农户与消费者之间联系的纽带，充分发挥流通带动生产的作用，促进农民增收（姜增伟，2009）。"农超对接"模式具有如下特征：超市作为零售终端与农户以及农民合作社直接进行交易，双方之间没有其他的环节，农产品流通是通过"直采"或者"直供"的形式完成的。在"农超对接"过程中，超市凭借自身在市场信息、资金、技术、管理等方面的优势为农户提供资金、信息、物流、技术和管理等方面的全面服务，参与农产品产供销整个产业链，减少流通环节、降低流通成本，有效连接农户和消费者，使农户和消费者能够同时受益。"农超对接"模式是对原有农产品流通模式的创新和优化，从形式上减少了流通环节，实现了农户与消费者之间的有效对接，提升了农产品流通效率。

随着超市在我国的迅速发展，以超市为零售终端的农产品营销渠道模式逐渐壮大。在大中城市中以连锁经营为特征的专业超市、大超市、大卖场不断设立，以专业经营或者综合经营形式加入农产品零售经营的行列中。另外，全国各地都在进行"农改超"行动，这也在很大程度上引导和带动了农产品流通由终端业态向超市集中，为"农超对接"模式奠定了基础。这种模式将亿万分散的小农户与大市场直接对接，使农产品从分散的农户通过超市直接到达零售终端，减少了中间环节，有利于降低交易费用，提高流通效率，保证了农产品的品质和质量，有助于农民、超市、消费者三方实现共赢。

目前，国内农超对接主要有如下三种具体模式：第一种模式是以家乐福为代表的"农户+农民专业合作社+超市"模式。该模式以农民直采为主，培育农民专业合作社为辅。超市通过成立专门的"直采"小组，同符合其要求的农民专业合作社进行合作，签订采购合同，合作社再组织社员进行生产，并为其提供符合质量标准要求的农产品。其核心是超市利用合作社来组织农民生产，以获得质优价廉的农产品。"农户+合作社+超市"的模式为农民专业合作社提供了优惠的价格和稳定的销售渠道，对合作社的可持续发展具有重要的意义。家乐福自2007年初开始引进"农超对接"模式，为了帮助合作社对农产品质量进行管理，家乐福通过配备"农超对接协调员"深入田间地头，使超市直接参与到农产品的生产过程中；为了提高合作社的生产能力以及管理能力，家乐福自2008年开始通过开设定期的"农超对接培训班"对合作社的相关领导进行培训，并使其接受农产品的种植技术和食品安全技术等相关培训。家乐福通过引进"农户+合作社+超市"模式，加快了我国农产品生产流通实现标准化的速度，同时也为我国合作社的品牌化经营作出了贡献。本书将在第6章结合家乐福的案例对"农户+合作社+超市"的流通模式进行更深入的解析。

第二种模式是以家家悦为代表的"农户+基地+超市"模式。家家悦超市是现代化综合零售企业，起步于山东威海。山东省是我国的农业大省，家家悦超市在地理条件上具有很大优势，通过土地流转建立了自己的农产品生产基地。为了保证生鲜农产品的质量安全，家家悦积极发展订单农业，通过与农户签订种植协议，对农产品生产流通"一条龙"进行控制和监督，从而实现农产品的全部自主生产经营。家家悦与农户的对接合作主要有三种类型：一是松散型连接模式，主要针对路途长、易运输的农产品。家家悦提供农产品质量标准，由地方政府和地方协会牵头引导农户种植；二是半紧密型对接模式，这种形式不确定农产品的具体收购价格，只是确定一个双方都认可的价格参考标准，并由家家悦规范农产品的种植标准，主要通过镇政府和村干部两级组织牵头来引导农户生产。三是紧密型对接模式，家家悦免费为农户提供种子，确定品种、种植面积以及质量标准等，对基地种植生产实行全程监控，并按协议价收购农产品。通过这三种模式，家家悦实现了对农产品生产流通全过程的监督控制，保证了农产品的质量，使农户、超市和消费者三方实现了共赢。

第三种模式是以麦德龙为代表的"超市+龙头企业+农户"模式。该模式是超市本身或者成立专门负责"直采"的子公司，通过农业产业化龙头企业来组织农民生产优质农产品，超市则对农产品的生产、加工、物流以及销售等方面进行全产业链监控，并委托第三方检测机构对农产品的质量进行检测，如果农产品质量达标再进行收购和销售。麦德龙是世界领先的零售商，在中国成立了独资子公司——麦咨达农业信息咨询有限公司。麦咨达主要负责找到龙头企业，然后与龙头企业签约，组织农产品生产，并负责监控农产品从生产到销售的全流通过程的质量安全，从而保证农产品从田间到餐桌的整条产业链中的食品质量安全和可追溯性，同时向消费者提供关于农产品的相关信息，真正做到让消费者买得放心。麦德龙"农超对接"的理念是"能让农产品与消费者需求直接对接"。2007 年，在商务部、安徽省政府和合肥市政府的支持下，麦德龙率先在安徽省合肥市与当地龙头企业共同建立了农副产品生产基地，实现了 100% 生鲜农产品达到三星级质量标准并实现可追溯，将农产品直采的比例从 30% 提高到 50%。

"农超对接"模式的优点主要体现在以下方面：第一，从整个农产品流通过程来看，减少了农产品流通环节，缩短了流通渠道的长度，降低了农产品流通成本。超市与合作社合作，对农产品从生产到超市售卖进行全过程的监督控制，保证了农产品的质量安全，实现了农产品的可追溯性。第二，从超市角度来看，保证了生鲜农产品的供应，降低了农产品的收购价格，同时也保证了农产品流通质量安全，节省了流通成本，从而提高了超市的市场竞争力。第三，从农户角度来看，通过与超市签订协议，农户避免了盲目性生产，降低了市场风险，从而使自身的利益得到了保证。第四，从消费者角度来看，消费者可以买到价格便宜且质量有保证的农产品。

从前面的分析可以看出，"农超对接"可以有效解决农民卖难和消费者买贵的问题，有助于降低农产品流通成本，提高流通效率，是一种能够使农户、超市、消费者三方共赢的农产品流通模式，但是"农超对接"模式也存在一些问题。首先，现阶段，很多超市并不具备自采的业务能力，能够"直采"的超市还比较少，很多超市还等着送货上门，而且直采的运输成本比较高，从而使得超市"直采"面临很大的困难。其次，我国农户规模小，生产经营分散，生产的农产品标准化程度不够，甚至会过量使用化肥农药，使农产品质量无法得到保证，这些问题的存在进一步制约了"农超对接"的发展。此外，农户和超市双方还存在利益冲突。超市追求的是价格低、质量好的农产品，农户则希望高价出售农产品，双方为了自身利益难免产生矛盾，这样就直接影响了"农超对接"双方的长期合作。

3.6 本章小结

农户小生产和流通大市场的矛盾是当前我国农产品流通模式存在的前提。经过多年的发展，我国的农产品流通才形成了相对稳定的运转模式。通过本章对农产品流通模式的分析，我们知道，尽管"农超对接""农户+农民专业合作社+龙头企业"等多种新型流通模式发展迅速，但是当前我国的农产品流通模式仍然是以"多层中间商分销"为主的传统农产品流通模式，即通过多层中间商（包括经纪人、批发商、龙头企业等）把农产品推向市场，完成农产品从农户到消费者手中的流转。在传统农产品流通模式中，大多数农户把农产品卖给中间商（包括经纪人、批发商等），这些中间商再把农产品转卖给下一级批发市场或者直接销售给面向最终用户的终端市场（零售农贸市场、超市等）。

以蔬菜流通过程为例：菜农（生产者）—产地中间商—市场批发商—销地中间商—零售商—消费者，经过了多重中介主体和多个环节。实际运行中，蔬菜流通渠道成员往往层次低、规模小、联合性差。菜农由于缺乏信息，生产往往具有盲目性，被动地成为市场价格的接受者。在这种农产品流通模式中，中间商以蔬菜转卖为主，未经加工、包装的蔬菜从农户经众多中间环节到消费者，物流损失严重，蔬菜被层层加价，消费者承担了高昂的价格，而菜农往往得不到蔬菜市场交换中的平均利润，甚至还要承受卖不出去的风险，这严重挫伤了农民的生产积极性，同时也抑制了消费。

本章的分析表明，各种不同的农产品流通模式都有自己的优势和缺陷，这些不同的农产品流通模式相互补充，为农户提供了多种可选择的途径。传统的农产品流通模式仍然是主要模式，在这种模式下，农户处于弱势地位，是农产品市场价格的接受者，承受着较高的市场价格波动风险，同时农产品流通成本比较高，流通效率也比较低。尽管当前我国农民专业合作社的发展还很滞后，但是农民专业合作社介入的农产品流通模式仍将是未来发展的方向。

4　交易费用理论框架下的农产品流通模式解析

4.1　农产品流通模式的交易费用理论分析框架

　　科斯（Coase，1937）在其经典论文《企业的性质》中，提出了"交易费用"的概念，打开了新古典企业理论的"黑箱"。他认为，企业和市场是配置资源的两种不同的组织形式，一项交易是通过市场完成，还是通过企业实现，主要取决于哪种（市场或企业的）交易费用更低。因此，可以认为企业是对市场的一种替代。也就是说，企业用权威机制取代了市场的价格机制。显然，科斯"企业—市场"的两分法过于简单，与现实差距较大。威廉姆森（Williamson，1975，1985）力图弥补科斯理论的缺陷，他将有限理性和机会主义作为两个基本前提假设，提出从交易特性的三个维度（资产专用性、不确定性和交易频率）来解释经济活动的治理模式和契约选择。他认为，当不确定性、交易频率和资产专用性的程度都很低时，市场作为协调手段是有效率的；而当这些因素处于很高水平时，企业（科层组织）的治理机制就是有效率的。威廉姆森还指出，在企业和市场之间还存在各种中间组织形态，这些中间组织形态的治理模式可以是双边的，也可以是多边的，还可能是相互交错的。

威廉姆森（2002）认为对交易活动选择有效的治理模式，要权衡资产专用性、不确定性和交易频率的不同状况。在不确定性给定的条件下，他把交易频率分为三种情况，即一次性交易、偶然交易和经常性交易；资产专用性也分为三种类型，即非专用的、混合的和高度专用性（独特）的。由于一次性交易和偶然交易之间并不存在明确的界限，因此可以归并为一类。所以，根据交易频率和资产专用性的不同类型可以组合为六种交易形式，如图 4-1 所示。

		投资特点		
		非专用	混合	独特
交易频率	偶然	购买标准设备	购买定做设备	建厂
	经常	购买标准原材料	购买定做原材料	中间产品要经过各不相同的车间

图 4-1 对交易的解释

资料来源：威廉姆森. 资本主义经济制度 [M]. 段毅才，王伟，译. 北京：商务印书馆，2002：105.

根据交易频率与投资特点的组合，针对上述六种不同的交易方式，威廉姆森（2002）进一步分析了相应的治理机制。对于非专用的交易，包括偶然的合同与经常性的合同，主要应用市场治理结构，即适用于古典式合同。混合式的偶然交易和高度专用式的偶然交易都需要实行三方治理，这是因为双方进行专用性资产交易的成本非常高，因此需要一种中介性的制度形式才能建立相应的治理结构。对于资产专用性程度比较高同时需要进行重复交易的情形，可以采用两类专用交易治理结构：一是双方治理结构，交易双方都自主决策；二是统一治理结构，即不在市场上进行交易，而是在有组织、有统一权威关系的企业内部进行交易。各种治理结构如图 4-2 所示。

		投资特点		
		非专用	混合	独特
交易频率	偶然	市场治理	三方治理 （新古典式合同）	
	经常	（古典式合同）	双方治理	统一治理

图 4-2　有效的治理

资料来源：威廉姆森. 资本主义经济制度 [M]. 段毅才，王伟，译. 北京：商务印书馆，2002：113.

　　根据上述威廉姆森提出的基本分析框架，并考虑农产品流通主体之间交易关系（包括产权关系）的紧密程度，我们认为当不确定性、交易频率和资产专用性的程度都很低时，农产品流通的市场化模式是有效率的；当这些因素处于很高水平时，农产品流通的企业化模式就是有效率的；而当这些因素处于中间水平时，农产品流通的契约型模式就是有效率的。因此，农产品流通模式可以划分为市场化模式、企业化模式和契约型模式三种类型。农产品流通的市场化模式是指，通过价格机制来协调各流通主体之间的交易关系，从而促成农产品由生产领域向消费领域的流通。农产品流通的企业化模式也可称为一体化模式，是指不同的农产品流通主体组成一个企业组织，将农产品流通过程内部化，通过权威命令机制来协调农产品的流通过程。而农产品流通的契约型模式是介于市场机制和企业机制之间的一种中间形态的模式，各流通主体间的交易关系既不是企业科层关系，也不同于纯粹的市场交换关系，而是一种通过契约进行联结的合作交易关系。

　　为了便于讨论和理解，我们把农产品流通过程简化为只包括农户、中间商和最终消费者三个流通主体的流通。在"农户—中间商—消费者"这一简化的农产品流通过程中，农户是农产品的生产者，是农产品流通过程中最基本的组织成员，是农产品流通过程的起点。中间商是把农产品供求双方（即农户和消费者）联结在一起的中间人，可以理解为是包括农产品经纪人、农产品加工企业、农产品批发商、零售商以及物流企业等流通主体的一个综合体，其主要职能是为买卖双方提供价格、供求等相关信息以及流通交易服务。在本节中，我们侧重分析"农户—中间商"之间的交易关系和流通模式。

农户与中间商之间的交易可以采取市场化的流通模式进行，即农户按照市场价格将农产品出售给中间商，然后中间商再出售给消费者。在这种农产品流通模式下，市场机制发挥主导作用。在农产品流通的市场化模式下，价格机制是协调机制，农户和中间商是纯粹的市场交换关系。农户和中间商是两个独立的经济个体，无论他们之间是一次性交易，还是多次性交易，交易实现的协调机制主要是价格机制。但是农产品市场价格主要受供求关系影响，特别是在我国加入 WTO 以后，国内大宗农产品价格受世界农产品市场的影响日益加重，农产品价格波动剧烈，农户和中间商的交易及他们的收入面临着农产品价格波动所带来的风险。例如，经常见于报端的农民销售农产品困难等现象，很多都是由市场风险导致的。

农户和中间商之间的交易也可以采取企业化的流通模式进行，实际上是"农户—中间商"的纵向一体化，也就是农户和中间商合并为一个"企业"，从而将农产品流通过程内部化。在这种模式下，农户放弃了生产经营的主体地位，成为"企业"控制下的"生产车间"中的一分子，获得的是土地使用权的租金或在"企业"劳动的工资或二者兼而有之；"企业"拥有完全的剩余控制权和剩余索取权，取得的是规模经济效益。这个一体化的"企业"可以是农户成立销售公司直接从事销售活动，把农产品直接卖给消费者，或者是农户兼并中间商，即前向一体化。例如，欧洲很多奶业农民合作社通过成立农产品加工企业和销售公司来延伸产业链。当然，这个"企业"也可以是中间商兼并农户，即后向一体化，农户成为"企业"的员工，按照"企业"的要求生产农产品。例如，很多奶业企业有自营牧场，通过建立养殖基地来控制奶源。无论采取哪种方式，最终结果都是农户和中间商合二为一，农产品流通过程实现了内部化。在农产品流通的企业化模式下，协调机制是权威和命令。但是企业内部交易也会产生生产成本、监督激励成本、管理成本、影响成本等各种成本，从而带来效率的损失。

农户和中间商之间的交易也可以采取契约型的流通模式进行，农户精于农产品生产，中间商善于农产品营销，两者可以通过契约和关系进行合作经营。这可以被看作现实中"订单农业"或者"农户＋龙头企业（中间商）"在理论上简化后的模式。在农产品流通的契约型模式下，农户和中间商的协调机制主要是契约和关系机制。依赖于契约和关系模式，农户不愁销售农产品了，而中间商也获得了稳定的货源，从而提高了流通效率。因此，在一定程度上，农产品流通的契约型模式能够克服市场化模式的风险性以及企业化模式的教条僵化，是比市场和企业更灵活、更有效的协调方式。当然，契约型模式也是有缺陷的，农户和中间商之间利益目标不一致、信息不对称、规模与实力对比悬殊等因素的存在，可能会导致履约困难或者违约等问题，甚至会导致双方关系破裂。

尽管我们的分析是建立在对农产品流通过程的简化基础之上的，但是我们的分析结论适用于现实中更为复杂的不同的农产品流通模式。比如，在第三章中，我们着重介绍的现实中的"农户+市场"模式、"农户+经纪人"模式、"农户+批发商"模式等就是市场化模式，农户同经纪人、批发商进行市场交易，价格机制是协调机制，农户要承受农产品价格波动的市场风险。而"农户+龙头企业"模式以及"农超对接"模式等就属于契约型模式，农户与龙头企业、超市之间的交易是通过订单合同完成的。农产品流通的市场化模式、企业化模式和契约型模式的比较，见表4-1。

表4-1　　　　　　　　**农产品流通模式的理论比较**

农产品流通模式	市场化模式	契约型模式	企业化模式
协调机制	价格机制	关系互动机制	权威命令机制
协调基点	价格	契约和关系	权威
协调力量来源	供求	谈判和关系	计划、层级
协调成本	营销成本、市场信息成本等	谈判成本、关系投资与违约成本等	生产成本、管理成本等
主体关系	交换关系	合作关系	等级关系
合作稳定性	弱	比较强	很强
代表性的流通模式	一次性或多次性市场交易等	订单农业或"农户＋龙头企业"等	龙头企业建立生产基地；合作社的一体化经营等

4.2 农产品流通的企业化模式

在上一节，我们从理论上把农产品流通模式主要划分为市场化模式、契约型模式和企业化模式三种类型，其中市场化模式和企业化模式是两种极端的流通模式，而契约型流通模式则是介于市场化模式和企业化模式之间的中间形态。因此，我们可以把农产品流通模式理解为从现货市场到企业一体化的一系列不同模式，即农产品流通的一体化程度，如图 4-3 所示。由于农产品流通的一体化程度与其组织管理方面的各种投入具有高度的相关性，即随着农产品流通一体化程度的提高，农产品流通过程中越来越多的环节被纳入企业内部组织，相应的组织管理投入就会逐步提高，因此，可以用组织管理投入水平来代表其农产品流通一体化程度。

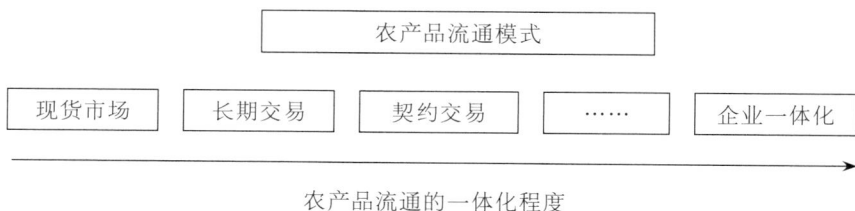

图 4-3　农产品流通模式的连续统一体

当农产品流通模式不同时，受多种因素的影响，农产品流通的组织投入与组织成本也有很大差异。随着企业内部组织管理投入水平不断提高，农产品企业的经营成本呈加速递增态势，即管理投入水平的边际成本是递增的。在本节的分析中，我们用 I 来表示企业组织管理的投入水平。假定某农产品流通过程存在四个纵向环节，如图 4-4 所示，这些环节按上下游次序分别设为 A、B、C、D。A 代表农产品由农户流向加工企业的流通环节；B 代表农产品由加工企业流向批发商的流通环节；C 代表农产品由批发商流向零售商的流通环节；D 代表农产品由零售商流向消费者的流通环节。

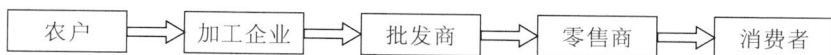

图 4-4　农产品流通环节图

如果该农产品经营企业将 A 流通环节纳入企业内部组织，则相应的组织管理投入记为 I_A。如果该农产品经营企业也将 B 流通环节纳入企业内部经营，相应的管理投入记为 I_{A+B}，那么，流通环节 B 纳入企业内部所引起的组织管理投入的增量可以记为 $(I_{A+B}-I_A)$。当该企业也将 C 流通环节纳入企业内部经营时，组织管理投入就变为 I_{A+B+C}，那么，流通环节 C 被纳入企业内部所引起的组织管理投入的增量就是 $(I_{A+B+C}-I_{A+B})$。当然，最低限度的一体化就是只从事农产品流通的一个环节（可以是农产品初加工、运输、仓储、批发、零售等），现实中农产品企业既可以是进入下游环节的前向一体化，如农产品加工企业直接进入批发环节或者零售环节；也可以是进入上游环节的后向一体化，如农产品加工企业自己生产农产品。

随着越来越多的农产品流通环节被纳入企业内部组织，各种人力、物力、财力的投入不断增加，总成本（TC）水平越来越高。如图 4-5 所示，横轴表示企业组织管理投入水平，用 I 表示；纵轴表示企业组织的总成本，用 TC 表示，总成本曲线向右上方倾斜，表明总成本是递增的；同时，总成本曲线的斜率不断变大，即边际成本也是递增的，这表明边际成本也是企业组织管理投入水平（I）的增函数。总成本递增的原因在于，随着农产品企业内部组织的流通环节不断增加，企业规模不断扩大，对管理技术和管理水平的要求会大幅度提高，管理的难度不断加大，以致在长期会出现规模不经济的现象，正如威廉姆森（2002）所强调过的，企业一体化会产生"官僚主义无能（bureaucratic failure）"问题。

接下来，我们讨论总收益的情况。随着越来越多的农产品流通环节被纳入企业内部组织，各种人力、物力、财力的投入不断增加，总收益（TR）水平也会越来越高。因此，总收益是企业组织管理投入水平的增函数，但其递增的速度会变得越来越慢，即边际收益是递减的。在图 4-6 中，同时画出来 TR 曲线和 TC 曲线。在其他条件不变的情况下，农产品流通的最佳企业一体化程度就是图中 F*处表示的水平。这时，边际成本与边际收益是相等的（表现为总成本曲线的切线与总收益曲线在该点的切线是平行的），如果企业纳入更多的流通环节，进一步进行

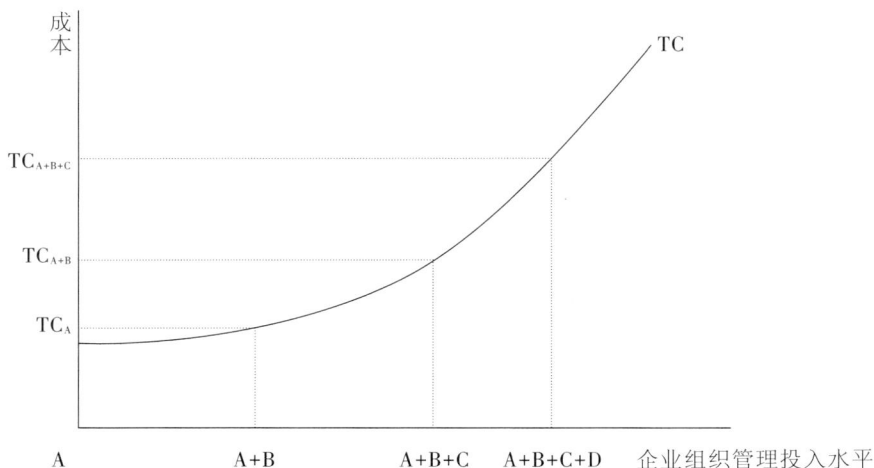

图 4-5 农产品流通企业化模式的总成本

一体化，其利润水平会降低。同样，如果企业一体化水平低于 F*，那么将更多流通环节纳入企业内部组织则能够提高利润水平。如果用 F 表示农产品流通的企业化程度，那么 F∈ [F₁, F₂]，如图 4-6 所示，图中大于 F₁ 小于 F₂ 的范围就是农产品流通的企业一体化的有效范围，超出这一范围时就会因企业化程度过低或者过度一体化而遭受损失。

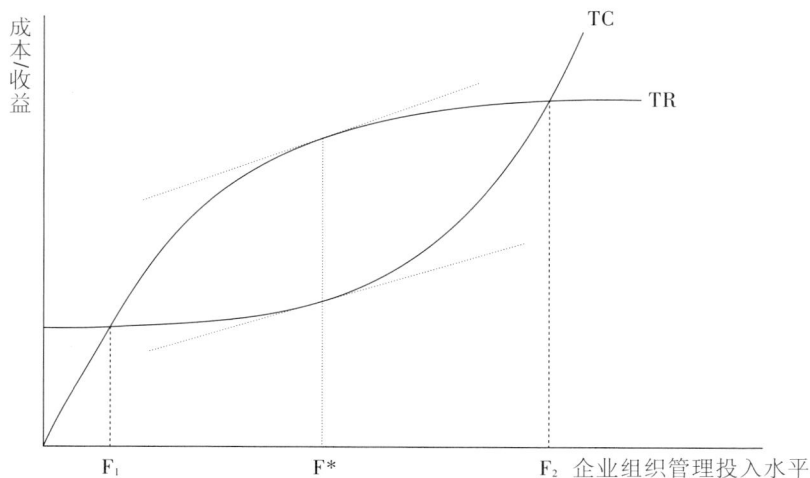

图 4-6 农产品流通企业化模式的总收益与总成本

为了便于分析，我们引入利润（净收益）这一概念，则利润=总收益-总成本。因此，我们可以将图 4-6 中的总收益曲线和总成本曲线进行纵向相减，就可以得到相应的利润水平。如图 4-7 所示，农产品流通企业化模式下的利润（净收益）曲线 $\prod_F$ 是抛物线形状，当企业一体化程度为 F*时，企业实现了利润的最大化。

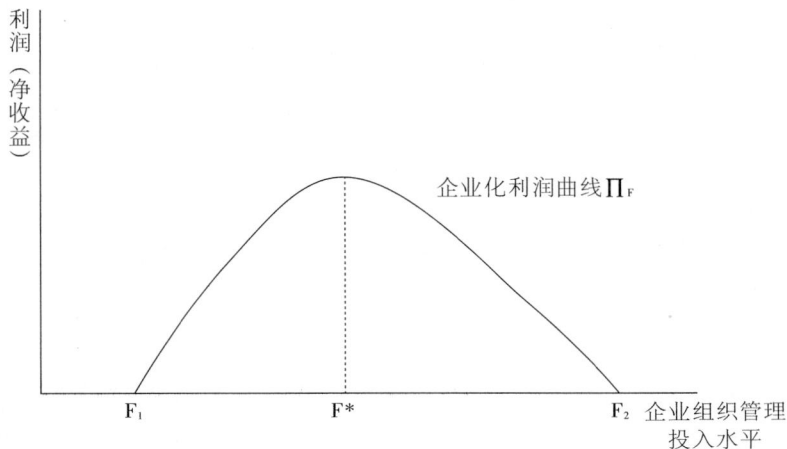

图 4-7　农产品流通企业化模式的利润曲线

4.3　农产品流通的市场化模式

威廉姆森（2002）指出，市场与企业存在着显著的差别，与企业相比，市场能够产生更强大的激励并克服企业内部的官僚主义倾向。市场的强激励机制（high-powered incentives）发挥着重要的作用：交易双方会受到竞争，因此必须更严格地控制生产成本。农产品市场交易中各方的收益和成本非常明确，农户、龙头企业等农产品流通主体都会遵循利润最大化原则，实现资源的有效利用，因此市场对交易各方的约束是硬性的。如果农产品流通采取企业化模式，那么企业内部组织各部门之间的成本和收益关系则变得不明晰，如何衡量各个部门的贡献水平是一件非常困难的事，企业内部的监督管理成本和影响成本会进一步限制应对市场变化的反应能力。当资产专用性不强时，最好是通过市场交易方式来实现农产品流通，因为这既能发挥市场的强激励机制，又能避免企业组织内部的官僚主义无能。但随着资产专用性的提高，其要求农产品流通的交易双方相互高度依赖，此时，市场化交易会带来极高的交易成本，更高的一体化程度就会优于市场交易。

我们延续上一节的分析思路，在图 4-8 中描绘了农产品流通市场化模式的收益和成本情况。市场化交易也会产生诸多成本，这些成本包括农产品的购买成本、销售成本、搜寻成本、信息不对称成本（逆向选择和道德风险）以及谈判、签约和实施的成本等，因此农产品流通各主体这时也需要进行一定的组织管理投入。以农产品龙头企业为例，在市场交易过程中，涉及农产品采购、销售、物流等多个流通环节，需要进行大量的组织管理投入，这种组织管理投入与一体化的企业组织内部管理投入是不同的，可以称为市场组织管理投入。尽管企业内部组织管理投入与市场组织管理投入在性质上存在很大差异，但我们可以用"组织管理投入"这一概念进行统一衡量。如图 4-8 所示，TR_M 和 TC_M 分别是农产品流通采取市场化模式时的收益曲线和成本曲线，由市场交易方式的收益和成本关系也可以得出最优市场组织管理投入水平（M*）以及市场交易的有效范围 [M_1，M_2]。

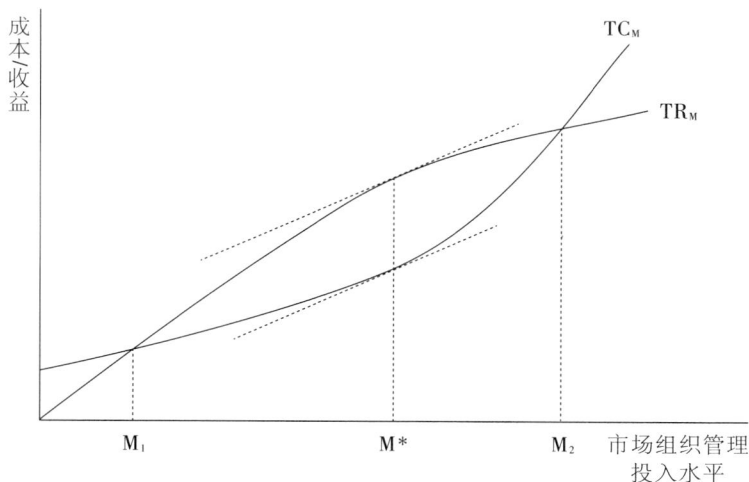

图 4-8　农产品流通市场化模式的总收益与总成本

与图 4-7 的分析类似，在图 4-9 中，我们可以得到农产品流通市场化模式的利润（净收益）曲线 Π_M，实际上是将图 4-8 中的总收益曲线和总成本曲线进行纵向相减，就可以得到相应的利润水平。

当我们把图 4-7 和图 4-9 放在一起分析时，这两种不同的农产品流

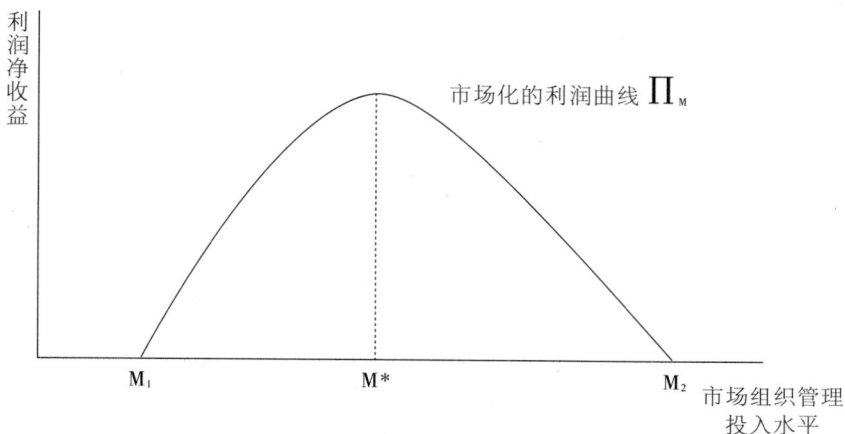

图 4-9 农产品流通市场化模式的利润曲线

通模式间的区别就十分明显了。两条利润曲线的位置可能有以下几种情形：情形 1，市场交易的利润曲线全部位于企业化利润曲线的内部；情形 2，企业化的利润曲线全部位于市场交易的利润曲线的内部；情形 3，两条利润曲线相交在两侧；情形 4，两条利润曲线不相交。下面我们将对这几种情形进行详细分析。

1）情形 1

在图 4-10 中可以很清楚地看到，这时农产品流通模式的优势选择就是企业一体化模式，在组织管理投入的不同水平下，市场交易完全劣于企业一体化模式。一般说来，当农产品市场化流通的交易成本很高时，例如，某种农产品的资产专用性程度很高，或者市场搜寻成本很高，或者交易双方存在严重的信息不对称等，企业一体化模式是一种较优的选择。此外，企业一体化通常是增强垄断实力、转移利润、规避税收的较好组织形式，而市场交易则不能做到这一点。从当前我国农业发展水平来看，大型农业企业的一体化程度明显偏低，和国外大型农业企业相比，规模较小，实力较弱，竞争力不强。

2）情形 2

图 4-11 反映的是情形 2，与上面的情形 1 恰恰相反，这时市场交易是较优的选择。这种情形意味着农产品流通的市场化模式的交易费用较低，而企业化模式所带来的官僚主义成本高昂。市场化模式以价格机

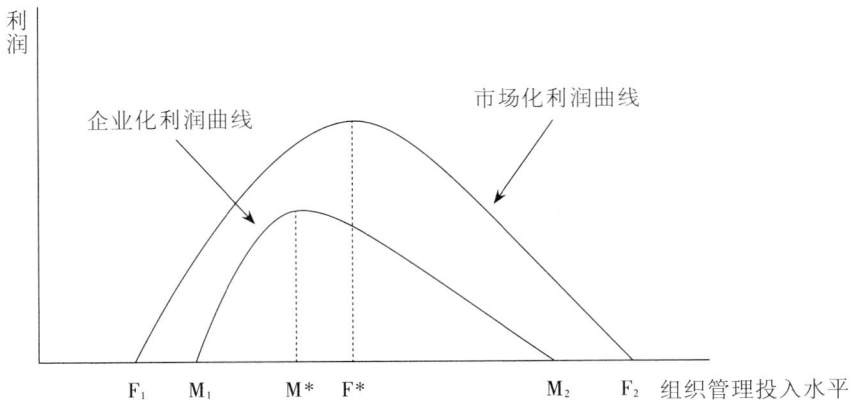

图 4-10 企业化模式与市场化模式比较：情形 1

制为核心引导农产品的生产与流通，市场比企业能够更有效地产生强大的激励并限制企业组织内部的官僚主义倾向，市场的强激励机制（high-powered incentives）发挥着重要的作用：交易双方会受到竞争约束，因此必须更严格地控制生产成本。农产品市场交易中各方的收益和成本非常明确，农户、龙头企业等农产品流通主体都会遵循利润最大化原则，实现资源的有效利用，因此市场对交易各方的约束是硬性的。如果农产品流通采取企业化模式，那么企业内部组织各部门之间的成本和收益关系则变得不明晰，如何衡量各个部门的贡献水平是一件非常困难的事，企业内部的监督管理成本和影响成本会进一步限制应对市场变化的反应能力。当资产专用性不强时，最好是通过市场交易方式来实现农产品流通，因为这既能发挥市场的强激励机制，又能避免企业组织内部的官僚主义无能。但随着资产专用性的提高，其要求农产品流通的交易双方相互高度依赖，此时，市场化交易会带来极高的交易成本，更高的一体化程度就会优于市场交易。

3）情形 3

情形 3 反映的是在不同水平的组织管理投入下，农产品流通的企业一体化模式和市场交易模式的利润（净收益）曲线形状的差异。在图4-12 中显示的是，当组织管理投入水平较低时（位于 [M₁, M-F] 范围内），市场交易模式占据主导地位；而组织管理投入水平较高时（位于 [M-F, F₂] 范围内），企业一体化模式较为可取。出现这种情况的主要

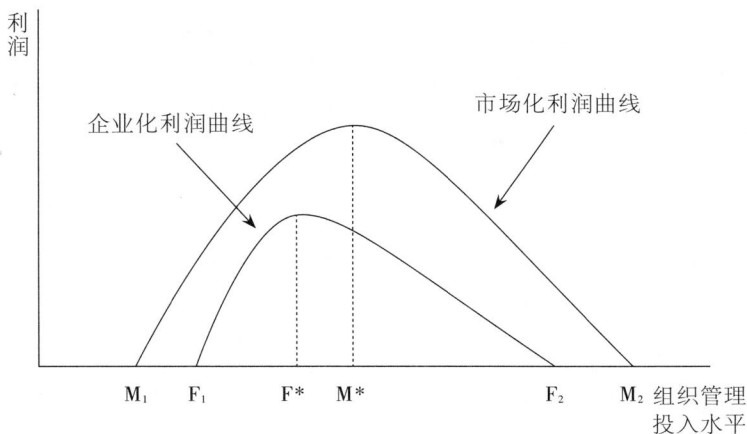

图 4-11 企业化模式与市场化模式比较：情形 2

原因在于，当组织管理投入水平过低时，如果农产品流通采取企业一体化模式，那么企业规模较小会导致企业管理效率较低，此时采取市场交易是较优的选择；而当组织管理投入水平较高时，企业组织管理投入存在规模经济效应，此时农产品流通应采取企业一体化模式。从龙头企业的角度来看，在龙头企业发展的初始阶段，贸然直接建立一体化组织的风险过高，龙头企业会专注于农产品流通产业链的某一环节，这时主要采取市场交易的方式。当龙头企业的业务发展到一定规模，能够充分发挥规模经济效应时，它会将更多的农产品流通环节纳入企业内部组织经营。

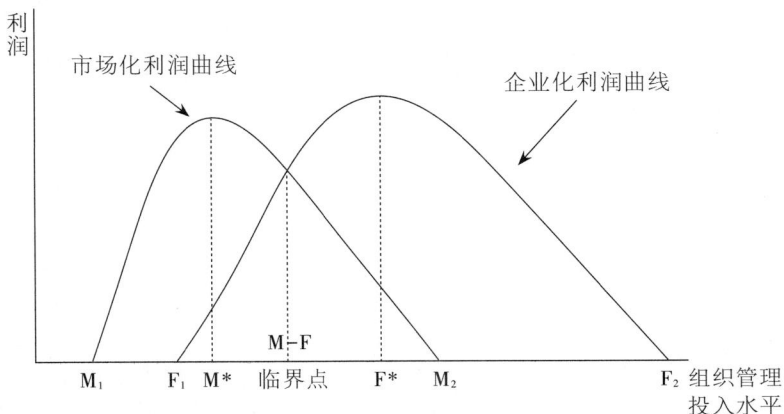

图 4-12 企业化模式与市场化模式比较：情形 3

　　另一方面，也有可能出现与图 4-12 所描述的相反的情形，即企业一体化利润曲线在左侧与市场化利润曲线相交。随着越来越多的纵向交易环节内化到企业内部完成，必然会增强企业管理的幅度，企业内部组织管理投入因此也会不断加大，带来规模不经济，同时企业内部的信息沟通成本、影响成本等也在增加，进而导致决策失效以及执行效率的降低，使得企业化模式不再占有优势，于是市场交易就是有效的。

　　4）情形 4

　　在情形 4 的情况下，市场交易模式和企业一体化模式之间没有交集，在两者之间空白区域范围内，无论采取哪种形式，其净收益都为负值。在图 4-13 所示的情况下，空白区域意味着市场化模式的交易成本很高，市场交易效率低下，而同时企业一体化还未达到规模经济的状态。如果图 4-13 中两条利润曲线的位置互换，两条利润曲线仍然不相交，此时企业化利润曲线位于左侧，那么，这种情况就意味着企业一体化的规模不经济效应开始出现时，市场交易也是无效率的。例如，在我国经常被媒体报道的农产品销售困难的现象，就出现在上面分析的空白区域内，出现这种情况的重要原因就在于市场的交易成本较高，农户难以通过市场来销售农产品，而企业一体化也无法解决该问题。情形 4 的中间空白区域为契约型农产品流通模式留下了运行空间，对此将在后面加以分析。

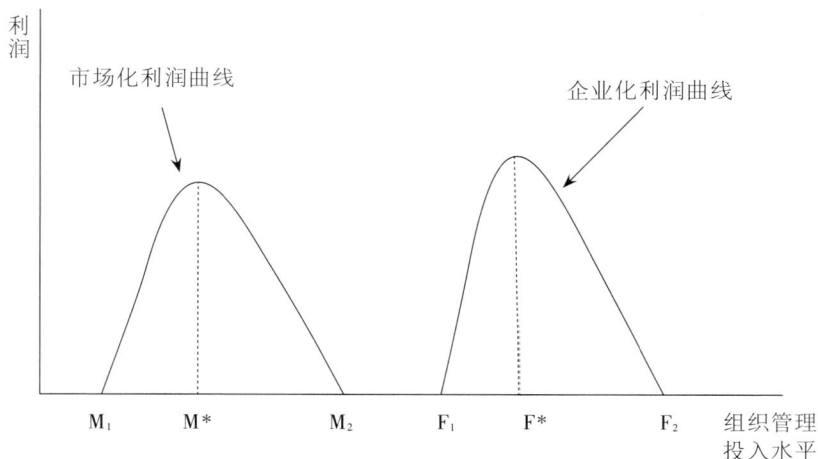

图 4-13　企业化模式与市场化模式比较：情形 4

4.4　农产品流通的契约型模式

　　农产品流通的契约型模式是介于市场化模式和企业一体化模式之间的一种中间形态的组织模式，各流通主体间的交易关系既不是企业科层关系，也不同于纯粹的市场交换关系，而是一种通过契约进行联结的合作交易关系。农产品流通的契约型模式较为充分地结合了市场交易和企业一体化两个方面的优点，与纯粹市场交易相比能较为有效地防范机会主义行为，而与企业一体化相比其组织管理投入成本较低。在契约型农产品流通模式下，农产品交易的各方仍处于市场环境中。契约型模式充分利用了市场的高激励功能，同时交易各方之间的契约关系也能克服企业一体化带来的官僚主义失灵。

　　在图4-13所描述的情形4中，市场交易模式和企业一体化模式之间出现了一段空白区域，这就为契约型农产品流通模式留下了充足的运行空间。在图4-14中，我们添加了一条契约型农产品流通模式的利润曲线，这样就弥补了市场化模式和企业化模式的不足。这充分说明，契约型农产品流通模式是介于市场化模式和企业一体化模式之间的一种中间形态，能够克服企业一体化市场和交易这两方面的缺点，使农产品流通更加顺畅，提升农产品流通的效率。

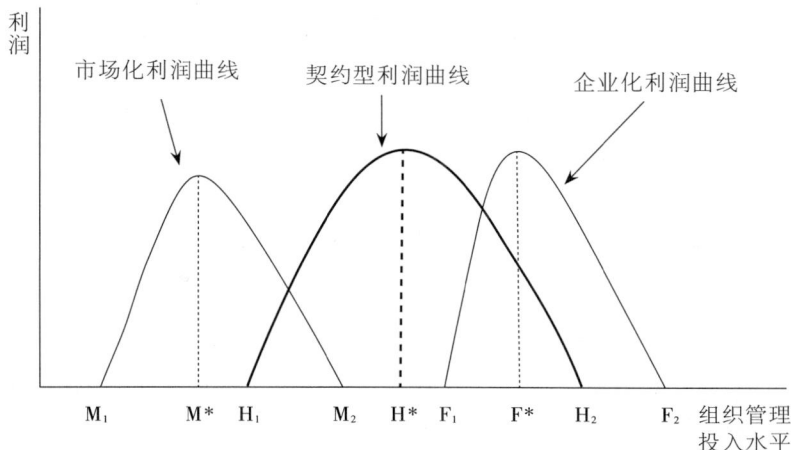

图 4-14　三种农产品流通模式的比较分析（1）

　　此外，即使在企业一体化占优势（如图 4-10 所示）和市场交易占优势（如图 4-11 所示）的情况下，农产品流通如果转变为契约型模式，也有可能会提升农产品流通的效率，有助于农产品流通更加顺畅。如图 4-15 所示，如果不考虑农产品流通的契约型模式，显然企业一体化模式是优于市场交易模式的；然而如果增加契约型农产品流通模式，那么在组织管理投入水平达到 HF 之前，契约型模式是优于企业一体化模式的。例如，农产品龙头企业的物流活动可以自己经营（企业化模式），也可以选择第三方物流（契约型模式）。由于龙头企业的物流活动是存在规模经济的，当物流投入水平较低时（低于 HF），就不能实现规模经济，这时选择第三方物流（契约型模式）就是最优的；而当物流投入水平较高时（高于 HF），就能够实现规模经济，这时自营物流（企业化模式）就是最优的选择。

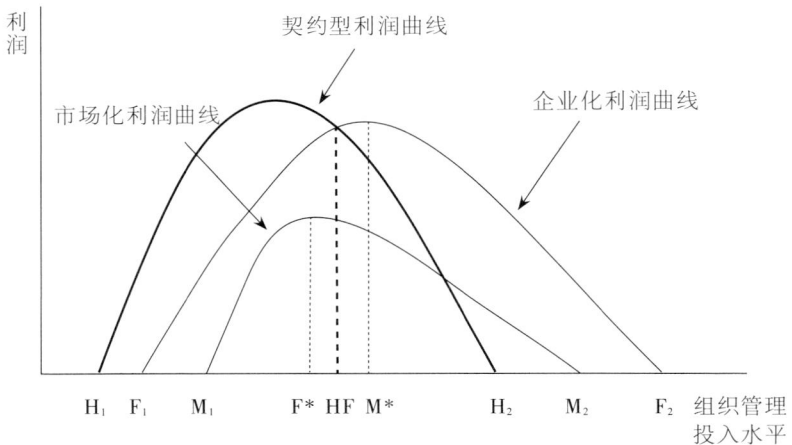

图 4-15　三种农产品流通模式的比较分析（2）

4.5　本章小结

　　本章应用交易费用理论，提出了农产品流通模式的理论分析框架，将农产品流通模式划分为市场化模式、企业化模式和契约型模式三种类型。农产品流通的市场化模式是指，通过价格机制来协调各流通主体之间的交易关系，从而促成农产品由生产领域向消费领域的流通。农产品流通的企业化模式是指农产品流通过程内部化，即将更多的农产品纵向交易环节纳入企业内部组织完成，通过权威命令机制来协调农产品的流通过程。而农产品流通的契约型模式是介于市场化模式和企业化模式之间的一种中间形态的模式，各流通主体间的交易关系既不同于纯粹的市场交换关系，也不是企业科层关系，而是一种通过契约进行联结的合作交易关系。本章比较分析了这三种不同的农产品流通模式的特点和适用条件，认为这三种不同的流通模式都有各自的优势和缺陷，在一定范围内具有一定的替代性，同时也互为补充，在农产品流通过程中发挥着各自的功能和作用。

5 农户选择农产品流通模式的实证分析

我国的农村人口众多、数量分散,在农产品流通过程中,处于弱势地位,因此如何让小农户和大市场进行有效对接,使小农户的利益得到保证,成为当前我国农产品流通体制改革的核心问题。从前面章节的分析中可以看出,现实中的农产品流通模式多种多样,那么农户在选择农产品流通模式时会受到哪些因素的影响呢?这是本章的主要研究内容。本章将从农户的视角出发,对农户选择不同农产品流通模式的影响因素进行实证分析。

5.1 数据来源及描述性分析

5.1.1 数据来源

本研究以农户选择不同农产品流通模式的影响因素为研究对象,因此调查对象主要是从事农产品生产与流通的农户。出于对数据可获性和调查成本等方面的考虑,本研究的正式调查发生在 2013 年 1 月 15 日至

2013 年 2 月 25 日的寒假期间，组织了 64 名东北财经大学本科生和硕士生利用寒假回家的机会进行问卷调查。为了保证调查样本的代表性，组织的这些学生来自 19 个不同省份（辽宁、黑龙江、吉林、内蒙古、山东、河北、河南、山西、陕西、甘肃、青海、新疆、江苏、安徽、湖南、湖北、重庆、云南、贵州）。

为了使调研数据的质量得到保证，我们采取了一些必要措施来控制调研过程。首先，我们按照专业要求对参与调查的学生进行了挑选，同时出于调查便利的考虑，主要选择那些来自农村的学生，因为农村学生更加熟悉农村社会的情况，能够有效地开展调查。其次，在调研开始前，我们对所有参与调查的学生进行了培训，详细解读了问卷的各个问项，如果在调查过程中遇到独立填写问卷有困难的农户，我们要求调查员负责向农户解释每一个问项，可根据农户的回答代其填写问卷。再次，要求受访者是农户家庭的户主，或者是掌握家庭农产品生产、销售等详细信息的人，从而保证数据信息的真实性和准确性。最后，我们为调查员提供了一定的酬劳，其目的是激励调查员能够认真有效地开展调查工作。

此次调研共发放 1 000 份问卷，剔除关键数据缺失和明显敷衍的问卷，有效问卷 824 份，有效问卷回收率为 82.4%。根据本章研究的问题和问卷内容，我们又进行了重新编码。如农户的身份，问卷中有 9 个选项：村屯干部、村民小组组长、合作社带头人、教师、医生、技术员、种养殖大户、普通村民和其他。由于个别选项的选择数量很少，普通农户占比较高，因此在重新编码过程中，本研究将村屯干部等项重新命名为特殊农户，记为 1，普通农户记为 2。再如，农产品流通模式这一变量来源于问卷中的问项"您一般将农产品卖给谁"，对应的选项包括 6 项，重新编码时将"农产品生产加工企业"和"农产品商贸企业"合并为一个，记为 2（代表"农户+企业"）；"其他"一项则根据农户的具体答案进行编码，如农户回答"其他（种子公司）"就会记为 2；农户回答消费者、农贸市场、村民等，则记为"农户+市场"，编码是 5。

5.1.2 描述性统计分析

本节中，应用软件 SPSS19.0 对本研究中用到的变量的基本特征进行描述性统计分析，这些变量包括农产品流通模式、农户的年龄、学历、身份、家庭人口数量、劳动力数量、生产类型等，具体见表 5-1。

农产品流通模式分为"农户+批发商""农户+企业""农户+合作社""农户+经纪人""农户+市场"5 种。其中"农户+批发商"的数量最多是 593，在 824 份总样本中的比例高达 72.0%。这说明现阶段，"农户+批发商"仍然是我国农产品流通的主要模式。"农户+企业"的流通模式占比达到 18.7%，这说明随着农业产业化的不断深入，龙头企业在农产品流通过程中发挥的作用越来越大。"农户+合作社"流通模式的比重只有 4%，这表明现阶段我国农民专业合作社的发展还处于初级阶段，仍然需要加大力度促进合作社发展。"农户+经纪人"的比重最低，只有 2.1%，这说明经纪人的职能已经被其他农产品流通主体所取代，其生存空间越来越小。"农户+市场"的流通模式占比只有 3.3%，这说明随着我国农产品流通市场体系不断完善，这种初级的农户和最终消费者直接面对面交易的农产品流通模式已经越来越少见了。

从受访农户年龄看，样本中最小年龄是 18 岁，最大年龄是 87 岁，平均年龄是 44.51，其中 40~49 岁的农户占比为 49.0，这说明接受调查的农户大都是壮年劳动力。从受访农户学历看，初中及以下的农户占比高达 78.5%，这说明农村教育依然非常落后。从受访农户身份看，普通农户有 711 人，占比高达 86.3%；而村屯干部等特殊身份农户只有 113 人，占比为 13.7%。从受访农户家庭总人口数来看，最少的是 1 人，最多的是 12 人，家庭人数为 3~5 人的是主流，6 人及其以下的占比达到了 96.7%。从家庭劳动力数量看，4 人及以下的占比达到了 97.8%。关系长度表示农户和农产品收购商之间交易关系维持的时间长短，其中 2 年以下的占比达到了 59.5%。从生产类型看，主要以种植业为主，占比为 78.0%，养殖业占比为 22.0%。

表 5-1　　　　　　　　　**样本的基本描述性统计**

变量		频率	百分比	有效百分比	累积百分比
农产品流通模式	农户+批发商	593	72.0	72.0	72.0
	农户+企业	154	18.7	18.7	90.7
	农户+合作社	33	4.0	4.0	94.7
	农户+经纪人	17	2.1	2.1	96.7
	农户+市场	27	3.3	3.3	100.0
年龄	30岁以下	68	8.3	8.3	8.3
	30~39岁	124	15.0	15.0	23.3
	40~49岁	404	49.0	49.0	72.3
	50~59岁	175	21.2	21.2	93.6
	60岁以上	53	6.4	6.4	100.0
学历	小学及以下	216	26.2	26.2	26.2
	初中	431	52.3	52.3	78.5
	高中（中专）	135	16.4	16.4	94.9
	大专及以上	42	5.1	5.1	100.0
身份	普通农户	711	86.3	86.3	86.3
	特殊农户	113	13.7	13.7	100.0
家庭人数	1	1	0.1	0.1	0.1
	2	32	3.9	3.9	4.0
	3	213	25.8	25.8	29.9
	4	292	35.4	35.4	65.3
	5	190	23.1	23.1	88.3
	6	69	8.4	8.4	96.7
	7	12	1.5	1.5	98.2
	8	8	1.0	1.0	99.2

续表

变量		频率	百分比	有效百分比	累积百分比
家庭人数	9	3	0.4	0.4	99.5
	11	2	0.2	0.2	99.8
	12	2	0.2	0.2	100.0
劳动力人数	1	157	19.1	19.1	19.1
	2	489	59.3	59.3	78.4
	3	122	14.8	14.8	93.2
	4	38	4.6	4.6	97.8
	5	15	1.8	1.8	99.6
	6	1	0.1	0.1	99.8
	7	1	0.1	0.1	99.9
	8	1	0.1	0.1	100.0
关系长度	不到1年	233	38.3	38.3	38.3
	1~2年	129	21.2	21.2	59.5
	2~3年	107	17.6	17.6	77.1
	3~5年	66	10.9	10.9	88.0
	5年以上	73	12.0	12.0	100.0
生产类型	种植业	643	78.0	78.0	78.0
	养殖业	181	22.0	22.0	100.0

5.2 农户选择农产品流通模式的单因素分析

本节将从农户个人特征、家庭特征和农产品生产类型三个层面对农户选择不同农产品流通模式的影响因素进行分析。农户个人特征包括农户年龄、农户学历和农户身份三个因素；农户家庭特征包括农户家庭人口总数、劳动力数量两个因素；农产品生产类型划分为种植业和养殖业两类。本节主要应用软件 SPSS19.0 通过交叉表（Crosstabs）的统计分析方法进行研究。

5.2.1 农户个人特征与农产品流通模式选择

1）农户年龄与农产品流通模式选择

为了考察不同年龄的农户选择的农产品流通模式，我们将 824 份样本划分为 5 个年龄段：30 岁以下、30~39 岁、40~49 岁、50~59 岁、60 岁以上。从表 5-2 来看，不同年龄段的农户对农产品流通模式的选择差异不大，各年龄段的农户选择"农户+批发商"的比例都超过了 70%。从表 5-3 来看，进一步的卡方检验结果表明，Pearson 卡方的值是 13.698，其对应的概率 P 值是 0.621；似然比值为 15.819，其对应的概率 P 值是 0.466，均大于 0.05 的显著性水平，不能拒绝 0 假设，这说明农户年龄和农产品流通模式选择之间相互独立，不具有相关性。

表 5-2 年龄与农产品流通模式的交叉表

			流通模式					合计
			农户+批发商	农户+企业	农户+合作社	农户+经纪人	农户+市场	
年龄	30岁以下	计数	49	12	4	0	3	68
		年龄中的 %	72.1%	17.6%	5.9%	0	4.4%	100.0%
	30~39岁	计数	95	19	5	3	2	124
		年龄中的 %	76.6%	15.3%	4.0%	2.4%	1.6%	100.0%
	40~49岁	计数	284	75	16	12	17	404
		年龄中的 %	70.3%	18.6%	4.0%	3.0%	4.2%	100.0%
	50~59岁	计数	123	41	6	1	4	175
		年龄中的 %	70.3%	23.4%	3.4%	0.6%	2.3%	100.0%
	60岁以上	计数	42	7	2	1	1	53
		年龄中的 %	79.2%	13.2%	3.8%	1.9%	1.9%	100.0%
合计		计数	593	154	33	17	27	824
		年龄中的 %	72.0%	18.7%	4.0%	2.1%	3.3%	100.0%

表 5-3　　　　　　　年龄与农产品流通模式的卡方检验

	值	df	渐进 Sig.（双侧）
Pearson 卡方	13.698	16	0.621
似然比	15.819	16	0.466
线性和线性组合	0.205	1	0.651
有效案例中的 N	824		

2）农户学历与农产品流通模式选择

教育作为最重要的人力资本投资之一，已经受到了非常广泛的关注和验证。已有研究表明，学历是衡量教育水平以及人力资本的一项重要指标。一般认为，农户文化程度越高，其知识面更加宽广，素质和修养相对较高，他对农产品流通模式的认识也就越深入。从表 5-4 来看，高中学历和大专及以上学历的农户选择"农户+批发商"的比例要低于初中和小学及以下学历的农户，而选择"农户+企业"的比例要更高。同时，根据表 5-5，进一步的卡方检验结果表明，Pearson 卡方的值是23.115，其对应的概率 P 值是 0.027；似然比值为 21.831，其对应的概率 P 值是 0.039，均小于 0.05 的显著性水平，拒绝 0 假设，这说明农户学历和农产品流通模式选择之间相互不独立，具有相关性。

表 5-4　　　　　　　学历与农产品流通模式的交叉表

			流通模式					合计
			农户+批发商	农户+企业	农户+合作社	农户+经纪人	农户+市场	
学历	小学及以下	计数	159	39	7	4	7	216
		学历中的 %	73.6%	18.1%	3.2%	1.9%	3.2%	100.0%
	初中	计数	330	65	18	8	10	431
		学历中的 %	76.6%	15.1%	4.2%	1.9%	2.3%	100.0%
	高中（中专）	计数	80	37	6	4	8	135
		学历中的 %	59.3%	27.4%	4.4%	3.0%	5.9%	100.0%
	大专及以上	计数	24	13	2	1	2	42
		学历中的 %	57.1%	31.0%	4.8%	2.4%	4.8%	100.0%
合计		计数	593	154	33	17	27	824
		学历中的 %	72.0%	18.7%	4.0%	2.1%	3.3%	100.0%

表 5-5   学历与农产品流通模式的卡方检验

	值	df	渐进 Sig.（双侧）
Pearson 卡方	23.115	12	0.027
似然比	21.831	12	0.039
线性和线性组合	6.791	1	0.009
有效案例中的 N	824		

3）农户身份与农产品流通模式选择

一般来说，村屯干部、技术员、种养殖大户、合作社带头人等农户都具有某一方面的特长，在农村中也都具有一定的社会身份、地位，并拥有较强的社会网络关系，他们接触的信息比普通农户更加广泛，并且勇于尝试新鲜事物，在农村中能够起到一定的带头作用。表 5-6 说明，同普通农户相比，具有特殊身份的农户更倾向于选择"农户+企业"（比例 28.3%）和"农户+合作社"（比例 8.8%）。从表 5-7 来看，进一步的卡方检验结果表明，Pearson 卡方的值是 25.843，其对应的概率 P 值是 0；似然比值为 23.060，其对应的概率 P 值是 0，均明显小于 0.05 的显著性水平，拒绝 0 假设，这说明农户身份和农产品流通模式选择之间相互不独立，具有相关性，农户身份能够显著影响农户对农产品流通模式的选择。

表 5-6   身份与农产品流通模式的交叉表

			流通模式					合计
			农户+批发商	农户+企业	农户+合作社	农户+经纪人	农户+市场	
身份	特殊农户	计数	60	32	10	5	6	113
		身份中的 %	53.1%	28.3%	8.8%	4.4%	5.3%	100.0%
	普通农户	计数	533	122	23	12	21	711
		身份中的 %	75.0%	17.2%	3.2%	1.7%	3.0%	100.0%
合计		计数	593	154	33	17	27	824
		身份中的 %	72.0%	18.7%	4.0%	2.1%	3.3%	100.0%

表 5-7 　　　　　　　　身份与农产品流通模式的卡方检验

	值	df	渐进 Sig.（双侧）
Pearson 卡方	25.843	4	0
似然比	23.060	4	0
线性和线性组合	18.452	1	0
有效案例中的 N	824		

5.2.2　农户家庭特征与农产品流通模式选择

1）农户家庭人口数量与农产品流通模式选择

农户家庭人口数量反映了农户的家庭规模，一般来说，农户家庭人口数量越多，在进行农产品的生产和销售决策时，可能越会考虑发挥大家庭的优势，扩大农产品生产规模，继而影响农产品流通决策。特别是在传统文化影响下，农产品的生产流通模式选择并非完全由农户个人决定，而是需要服从整个家庭的利益。表 5-8 说明，家庭人口数越多，农户越倾向于选择"农户+企业"和"农户+合作社"。比如，在家庭人数为 5 人的样本中，选择"农户+企业"的流通模式的农户占比为28.4%，这一比例显著高于家庭人数为 4 人及以下的农户。从表 5-9 来看，进一步的卡方检验结果表明，Pearson 卡方的值是 58.386，其对应的概率 P 值是 0.030；似然比值为 57.493，其对应的概率 P 值是 0.036，均小于 0.05 的显著性水平，拒绝 0 假设，这说明农户家庭人数和农产品流通模式选择之间相互不独立，具有相关性，农户家庭人口数量在一定程度上能够影响农户对农产品流通模式的选择。

2）农户家庭劳动力数量与农产品流通模式选择

一般认为，农村家庭劳动力数量反映了家庭的生产能力和抚养负担，对农产品生产和流通决策有着直接的影响。如果农户家庭中的劳动力较少，这可能意味着他们需要在获得收入的同时花费更多的时间去承担其他家庭责任，因而可能选择简单的农产品流通模式。从表 5-10 来

表 5-8　　　　　　　家庭人数与农产品流通模式的交叉表

			流通模式					合计
			农户+批发商	农户+企业	农户+合作社	农户+经纪人	农户+市场	
家庭人数	1	计数	1	0	0	0	0	1
		家庭人数中的%	100.0%	0	0	0	0	100.0%
	2	计数	28	2	0	2	0	32
		家庭人数中的%	87.5%	6.3%	0	6.3%	0	100.0%
	3	计数	159	32	5	9	8	213
		家庭人数中的%	74.6%	15.0%	2.3%	4.2%	3.8%	100.0%
	4	计数	214	48	14	3	13	292
		家庭人数中的%	73.3%	16.4%	4.8%	1.0%	4.5%	100.0%
	5	计数	122	54	9	2	3	190
		家庭人数中的%	64.2%	28.4%	4.7%	1.1%	1.6%	100.0%
	6	计数	50	13	5	0	1	69
		家庭人数中的%	72.5%	18.8%	7.2%	0	1.4%	100.0%
	7	计数	7	3	0	1	1	12
		家庭人数中的%	58.3%	25.0%	0	8.3%	8.3%	100.0%
	8	计数	8	0	0	0	0	8
		家庭人数中的%	100.0%	0	0	0	0	100.0%
	9	计数	1	1	0	0	1	3
		家庭人数中的%	33.3%	33.3%	0	0	33.3%	100.0%
	11	计数	1	1	0	0	0	2
		家庭人数 中的%	50.0%	50.0%	0	0	0	100.0%
	12	计数	2	0	0	0	0	2
		家庭人数中的 %	100.0%	0	0	0	0	100.0%
合计		计数	593	154	33	17	27	824
		家庭人数中的 %	72.0%	18.7%	4.0%	2.1%	3.3%	100.0%

表 5-9   家庭人数与农产品流通模式的卡方检验

	值	df	渐进Sig.（双侧）
Pearson 卡方	58.386	40	0.030
似然比	57.493	40	0.036
线性和线性组合	0.200	1	0.655
有效案例中的 N	824		

看，劳动力人数对农产品流通模式的影响好像不明显。从表 5-11 来看，进一步的卡方检验结果表明，Pearson 卡方的值是 26.219，其对应的概率 P 值是 0.561；似然比值为 28.210，其对应的概率 P 值是 0.453，均高于 0.05 的显著性水平，不能拒绝 0 假设，这说明农户家庭劳动力人数和农产品流通模式选择之间相互独立，不具有相关性。

表 5-10   劳动力人数与农产品流通模式的交叉表

			流通模式					合计
			农户+批发商	农户+企业	农户+合作社	农户+经纪人	农户+市场	
劳动力人数	1	计数	125	17	5	2	8	157
		劳动力人数中的%	79.6%	10.8%	3.2%	1.3%	5.1%	100.0%
	2	计数	345	98	21	13	12	489
		劳动力人数中的%	70.6%	20.0%	4.3%	2.7%	2.5%	100.0%
	3	计数	81	29	5	2	5	122
		劳动力人数中的%	66.4%	23.8%	4.1%	1.6%	4.1%	100.0%
	4	计数	29	7	0	0	2	38
		劳动力人数中的%	76.3%	18.4%	0	0	5.3%	100.0%
	5	计数	11	2	2	0	0	15
		劳动力人数中的%	73.3%	13.3%	13.3%	0	0	100.0%
	6	计数	1	0	0	0	0	1
		劳动力人数中的%	100.0%	0	0	0	0	100.0%
	7	计数	1	0	0	0	0	1
		劳动力人数中的%	100.0%	0	0	0	0	100.0%
	8	计数	0	1	0	0	0	1
		劳动力人数中的%	0	100.0%	0	0	0	100.0%
合计		计数	593	154	33	17	27	824
		劳动力人数中的%	72.0%	18.7%	4.0%	2.1%	3.3%	100.0%

表 5-11　　　　劳动力人数与农产品流通模式的卡方检验

	值	df	渐进 Sig.（双侧）
Pearson 卡方	26.219	28	0.561
似然比	28.210	28	0.453
线性和线性组合	0.107	1	0.744
有效案例中的 N	824		

3）农户家庭外出务工人数与农产品流通模式选择

从表 5-12 来看，农户家庭外出务工人数对农产品流通模式的影响好像不明显。从表 5-13 来看，进一步的卡方检验结果表明，Pearson 卡方的值是 16.145，其对应的概率 P 值是 0.708；似然比值为 18.347，其对应的概率 P 值是 0.565，均高于 0.05 的显著性水平，不能拒绝 0 假设，这说明农户家庭外出务工人数和农产品流通模式选择之间相互独立，不具有相关性。此外，包含外出务工人数的样本只有 682 份，相对于总样本 824 份，缺失 142 份，缺失数据较多，因此在 5.3 节多因素分析的过程中，没有将农户家庭外出务工人数这一变量纳入分析模型中。

表 5-12　　　　外出务工人数与农产品流通模式的交叉表

			流通模式					合计
			农户+批发商	农户+企业	农户+合作社	农户+经纪人	农户+市场	
外出务工人数	0	计数	90	20	7	7	7	131
		外出务工人数中的%	68.7%	15.3%	5.3%	5.3%	5.3%	100.0%
	1	计数	247	69	14	7	10	347
		外出务工人数中的%	71.2%	19.9%	4.0%	2.0%	2.9%	100.0%
	2	计数	106	34	6	1	5	152
		外出务工人数中的%	69.7%	22.4%	3.9%	0.7%	3.3%	100.0%

			流通模式					合计
			农户+批发商	农户+企业	农户+合作社	农户+经纪人	农户+市场	
外出务工人数	3	计数	32	10	2	0	0	44
		外出务工人数中的%	72.7%	22.7%	4.5%	0	0	100.0%
	4	计数	5	1	0	0	0	6
		外出务工人数中的%	83.3%	16.7%	0	0	0	100.0%
	5	计数	2	0	0	0	0	2
		外出务工人数中的%	100.0%	0	0	0	0	100.0%
合计		计数	482	134	29	15	22	682
		外出务工人数中的%	70.7%	19.6%	4.3%	2.2%	3.2%	100.0%

表 5-13　　　　　　外出务工人数与农产品流通模式的卡方检验

	值	df	渐进 Sig. （双侧）
Pearson 卡方	16.145	20	0.708
似然比	18.347	20	0.565
线性和线性组合	5.094	1	0.024
有效案例中的 N	682		

5.2.3　农产品生产类型与农产品流通模式选择

农产品生产具有典型的区域性、季节性和周期性，特别是鲜活类农产品易于腐烂、不易保存，同时农产品的安全性也越来越受到全社会的关注。这些农产品的特殊属性对农户选择不同的农产品流通模式都会产生影响。本研究中考虑了两种不同的生产类型，即种植业和养殖业。这两种不同的农产品生产类型对农户选择农产品流通模式会有明显的影响。表 5-14 说明，同从事种植业的农户相比，从事养殖业的农户选择"农户+批发商"的比例更低，只有 53.0%，他们更倾向于选择"农户+企业"（比例 32.0%）等其他农产品流通模式。从表 5-15 来看，进一步的卡方检验结果表明，Pearson 卡方的值是 43.436，其对应的概率 P 值是 0；似然比值为 40.266，其对应的概率 P 值是 0，均明显小于 0.05 的显著性水平，拒绝 0 假设，这说明农户生产类型和农产品流通模式选择之间相互不独立，具有相关性，农户生产类型能够显著影响农户对农产品流通模式的选择。

表 5-14　　　　生产类型与农产品流通模式的交叉表

			流通模式					合计
			农户+批发商	农户+企业	农户+合作社	农户+经纪人	农户+市场	
生产类型	种植业	计数	497	96	24	10	16	643
		生产类型中的%	77.3%	14.9%	3.7%	1.6%	2.5%	100.0%
	养殖业	计数	96	58	9	7	11	181
		生产类型中的%	53.0%	32.0%	5.0%	3.9%	6.1%	100.0%
合计		计数	593	154	33	17	27	824
		生产类型中的%	72.0%	18.7%	4.0%	2.1%	3.3%	100.0%

表 5-15　　　　生产类型与农产品流通模式的卡方检验

	值	df	渐进 Sig.（双侧）
Pearson 卡方	43.436	4	0
似然比	40.266	4	0
线性和线性组合	27.893	1	0
有效案例中的 N	824		

5.3 基于 Multinomial Logistic 回归模型的多因素实证分析

5.3.1 Multinomial Logistic 回归模型界定

本研究中我们把农户选择的农产品流通模式作为因变量，农产品流通模式包括五种类型："农户+批发商""农户+企业""农户+合作社""农户+经纪人""农户+市场"。由于因变量不是连续性变量，而是一个离散型随机变量，因变量和自变量之间不存在一般的线性关系。在这种情况下，如果使用多元线性回归，将会导致回归估计存在严重误差，假设检验和置信区间都会失去合理性，因此在本研究中不再适用一般最小二乘法的多元线性回归分析。此外，本研究的因变量是一种无序的多分类变量，而 Logistic 回归模型正是适用于这种因变量是分类变量的回归分析方法。

Logistic 回归模型分析是对定性变量的回归分析，它克服了多元线性回归的缺陷，并被广泛应用于经济学、营销学等社会科学研究中。根据因变量类别的不同，Logistic 回归模型可以分为二分类 Logistic 回归模型（Binary Logistic Regression）和多分类 Logistic 回归模型（Multinomial Logistic Regression）两种。二分类 Logistic 回归模型适用于二分类反应变量，多分类 Logistic 回归模型适用于多分类反应变量（即分类数大于等于 3 的分类反应变量）。多分类 Logistic 回归分析实际上就是用多个二分类 Logistic 回归模型来描述各个类别与参照类别相比较的作用大小。当多分类反应变量间不存在序次关系时，可以采用多分类 Logit 模型（Multinomial Logistic Regression），这种多分类 Logit 模型与一般的 Logistic 回归模型不同，它是通过拟合一种叫作广义 Logit 模型（Generalized Logits Model）进行分析的。

麦克法登（McFadden，1974）最早提出了 Multinomial Logistic 回归模型，他在理论上证明了消费者从由多个不同的商品所构成的选择集（choice set）中选择一个商品的概率可以用封闭的数学表达式来表达，这为多分类 Logistic 回归模型的广泛应用奠定了基础。关于这个模型方法的系统性介绍，可以参考 Ben-Akiva and Lerman（1985）和 Train（2003）的著作。在下面的部分，我们将根据本研究的需要，给出模型的界定以及相应的估计方法。

随机效用理论（Random Utility Theory）是多分类 Logistic 回归模型的行为理论基础，这个理论假定人们按照效用最大化（utility-maximizing）的原则进行决策（Thurstone，1927）。农户在出售农产品时，通常要面对多种不同的农产品流通模式，这些农产品流通模式构成一个选择集，这里用 C 表示。在选择集中的每一种农产品流通模式对农户来说都会有一定的效用。农户选择的农产品流通模式一定能够使他的效用最大化。假设我们用 n 来表示农户，n=1，…，N；选择集中一共有 J 种农产品流通模式（J=5）。我们把农户 n 从农产品流通模式 j 中所获得的效用表示为 U_{nj}，j = 1，…，J。农产品流通模式 i 被选中所必须满足的条件是：$U_{ni} > U_{nj}$，其中 j 是指不包括 i 在内的选择集中的全部其他农产品流通模式。

每一种农产品流通模式的效用都由两部分构成：决定部分（deterministic component）和随机部分（random component）。效用的决定部分是由可观察到的农产品流通模式的有关特征、农户的有关特征以及其他的相关变量所决定的。本研究中的变量包括农户年龄、最高学历、身份特征、家庭人口数量和生产类型等。对于农户 n，农产品流通模式 j 的效用的系统部分通常用 V_{nj} 来表示。还有一部分效用是本研究不能反映的，也就是说 $U_{nj} \neq V_{nj}$，全部效用与部分效用之间的差便是效用的随机部分。对于农户 n 和农产品流通模式 j，我们把随机部分效用表示为 ε_{nj}。这样，我们把全部效用分解成了两部分，如以下方程所示：

$$U_{nj} = V_{nj} + \varepsilon_{nj} \tag{1}$$

在选择集 C 中，农户 n 选择农产品流通模式 i 的概率可以用以下方程表示：

$$p_{ni} = P(U_{ni} > U_{nj}, i, j \in C, i \neq j) \tag{2}$$

将公式（1）代入公式（2），整理得到：

$$p_{ni} = P(\varepsilon_{nj} - \varepsilon_{ni} < V_{ni} - V_{nj}, i, j \in C, i \neq j) \tag{3}$$

对于效用的随机部分 ε_{ni}，$i \in C$，我们做出如下两个假设：（1）ε_{ni} 是独立分布的随机变量；（2）同时 ε_{ni} 概率变量服从双重幂函数概率分布（double exponential distribution），如下所示：

$$p_{ni} = P(\varepsilon_{ni} \leq \varepsilon) = e^{-e^{-\varepsilon}} \quad -\infty < \varepsilon < \infty \qquad (4)$$

综合公式（1）至（4），我们可以把农户 n 选择农产品流通模式 i 的概率表示为如下的简单公式（推导及证明过程，参考 McFadden，1974）：

$$p_{ni} = \frac{e^{V_{ni}}}{\sum\limits_{j=1}^{J} V_{nj}}, i, j \in C, j = 1, \cdots, J \qquad (5)$$

上式中，分子是农产品流通模式 i 决定部分效用的幂函数，分母是选择集中所有农产品流通模式决定部分效用幂函数的和。效用的随机部分已不复存在，这大大简化了选择概率的计算过程。

如上所述，效用的决定部分是由可观察到的变量共同决定的。假设有 K 个可观察变量共同决定效用的决定部分。在这里，我们用线性方程来表示这些变量与效用之间的关系，如下所示：

$$V_{nj} = a_j + \sum_{k=1}^{K} b_k x_{njk}, k = 1, \cdots, K, j \in C, j = 1, \cdots, J \qquad (6)$$

上式中，a_j 是常数项，也可以理解为每一种农产品流通模式的固有效用。每一种农产品流通模式都有其独特的 a_j 值，所以我们共有 J 个这样的参数。通常这些参数被解释为控制了其他变量以后的特定值。由于模型估计的需要，我们将 J 个参数中的一个限定为 0。所以，我们只需要估计 J - 1 个这样的参数。

x_{njk} 是可观察到的每一种农产品流通模式都有的共同变量（common variables）。在这里，共同是指每一种农产品流通模式都受到这个变量的影响，但并不表示它们的值相等。b_k 是第 k 个共同变量所对应的参数或权数。每一个变量都有一个参数与之相对应，但是对于同一个变量不同的农户分享相同的参数。所以，我们省去了农户的标志 n 在参数中的下标。我们可以看到，虽然农户在同一变量上分享同样的参数，但是由于变量观察值的不同，每一种农产品流通模式的决定效用在不同的农户之间可能是不相等的。

将公式（6）代入公式（5），我们得到如下的公式：

$$p_{ni} = \frac{e^{a_j + b_k x_{nik}}}{\sum\limits_{j=1}^{J} e^{a_j + b_k x_{njk}}}, i, j \in C, j = 1, \cdots, J \tag{7}$$

在上面的公式中，x_{njk} 是已知的观察值，a_j 和 b_k 是未知的参数，需要估计。虽然我们不知道选择概率 p_{ni}，但是我们知道农户选择了哪种农产品流通模式。我们用 y_{nj} 来表示农户 n 选择的结果。如果农户 n 选择了农产品流通模式 j，则 $y_{nj}=1$；否则，$y_{nj}=0$。

我们在上面对模型进行了界定。接下来，我们介绍模型的估计方法。农户 n 选择某一种农产品流通模式，统计似然（likelihood）的计算公式如下：

$$L_n = \prod_{j=1}^{J} p_{nj} y_{nj}, j \in C, j = 1, \cdots, J \tag{8}$$

对所有 N 个农户而言，统计似然的计算公式则为：

$$L = \prod_{n=1}^{N} \prod_{j=1}^{J} p_{nj} y_{nj}, j \in C, j = 1, \cdots, J, n = 1, \cdots, N \tag{9}$$

根据统计学中的最大似然法（Maximum Likelihood Method），我们可以通过对公式（9）的似然值最大化求得模型参数（a_j 和 b_k）的解。但是在统计分析过程中，一般是最大化对数似然值（logarithm likelihood），而不直接最大化似然值本身。这是因为对数似然值简化了计算过程，将原来相乘的关系转变成了相加的关系。此外，应用最大似然法所估计的参数具有一致性（consistent）、渐进高效性（asymptotically efficient）和趋于正态分布（normally distributed）的特点。其计算公式如下：

$$LL = \sum_{n=1}^{N} \sum_{j=1}^{J} y_{nj} \ln (p_{nj}), j \in C, j = 1, \cdots, J, n = 1, \cdots, N \tag{10}$$

将上述的公式（7）代入公式（10），并通过对自然对数似然值 LL 进行最大化，我们便可以求得参数 a_j 和 b_k 的解。在本节分析中，我们是通过统计软件 SPSS19.0 来实现上面的模型估计过程的。

5.3.2 Multinomial Logistic 回归模型分析

表 5-16 给出了变量名称和变量定义。在运用 SPSS19.0 进行数据处理的过程中，将全部变量引入 Multinomial Logistic 回归模型，然后进行变量的显著性检验。本研究中将"农户+批发商"流通模式（j=1）中的农户作为比较基准，设定其标准化系数为 0，由此得到相对于"农户+批发商"而言，农户选择其他农产品流通模式的情况。

表 5-16 变量的定义与分类

变量名称		变量定义
因变量	农产品流通模式	J=1，农户+批发商
		J=2，农户+企业
		J=3，农户+合作社
		J=4，农户+经纪人
		J=5，农户+市场
自变量	年龄	1 表示 30 岁以下
		2 表示 30～39 岁
		3 表示 40～49 岁
		4 表示 50～59 岁
		5 表示 60 岁以上
	学历	1 表示小学及以下
		2 表示初中
		3 表示高中（中专）
		4 表示大专及以上
	身份	1 表示特殊农户
		2 表示普通农户
	家庭人数	实际人口数量
	劳动力人数	实际劳动力人数
	生产类型	1 表示养殖业
		2 表示种植业

表 5-17 用于检验最终方程的有效性，由于显著性水平（sig）的值为 0，小于 0.05，所以该方程整体是有效的。表 5-18 主要用来检验每一个解释变量对方程的影响，从表中可以看到，农户身份的显著水平为0.010，生产类型的显著水平为 0，它们的显著水平均小于 0.05，这表明农户身份和生产类型都对方程具有显著影响，对方程具有高度的解释作用。农户学历的显著水平为 0.050，农户家庭人数的显著水平为 0.060，它们的显著水平分别等于和接近于 0.05，这表明农户学历和家庭人数对方程的影响比较小，但也能在一定程度上对方程进行解释。农户年龄的显著水平为 0.597，劳动力人数的显著水平为 0.912，它们的显著水平都明显高于 0.05，这表明农户年龄和劳动力人数都对方程没有显著影响，对方程不具有解释作用。这个初步结论和 5.2 节中对单因素分析的结论基本一致，可以进行相互佐证。

表 5-17　　　　　　　　　　　　模型拟合信息

模型	模型拟合标准	似然比检验		
	−2 倍对数似然值	卡方	df	显著水平
仅截距	1031.063			
最终	949.988	81.075	24	0

表 5-19 给出了模型的回归分析结果。下面本研究将对分析结果进行归纳总结：

第一，相对于"农户+批发商"而言，农户选择"农户+企业"的农产品流通模式的主要影响因素是学历、身份和生产类型。回归结果表明，农户的学历越高，越倾向于选择"农户+企业"的农产品流通模式。具有村干部等特殊身份的农户和从事养殖业的农户也都更倾向于"农户+企业"的农产品流通模式。

第二，相对于"农户+批发商"而言，农户选择"农户+合作社"的农产品流通模式的显著影响因素是身份，其他变量的统计检验的显著水平都高于 0.05。这表明相对于普通农户，具有村干部等特殊身份的农户更显著倾向于"农户+合作社"的农产品流通模式。因为村干

表 5-18   似然比检验

效应	模型拟合标准	似然比检验		
	简化后的模型的−2倍对数似然值	卡方	df	显著水平
截距	949.988ᵃ	0	0	
年龄	952.757	2.769	4	0.597
学历	959.492	9.504	4	0.050
家庭人数	959.014	9.026	4	0.060
劳动力人数	950.971	0.983	4	0.912
身份	963.326	13.338	4	0.010
生产类型	986.247	36.259	4	0

　　卡方统计量是最终模型与简化后模型之间在−2倍对数似然值中的差值。通过最终模型中的省略效应而形成简化后的模型。零假设就是该效应的所有参数均为0。

　　a.因为省略效应不会提高自由度，所以此简化后的模型等同于最终模型。

部、技术员、种养殖大户、合作社带头人等农户都具有某一方面的特长，在农村中也都具有一定的社会身份、地位，并拥有较强的社会网络关系，他们接触的信息比普通农户更加广泛，并且更关注和了解国家政策的变化。《农民专业合作社法》等法规政策在农村的宣传主要就是依靠村干部等特殊农户，同时他们在农村中还能够起到一定的带头作用。

　　第三，相对于"农户+批发商"而言，农户选择"农户+经纪人"的农产品流通模式的显著影响因素是农户家庭人数、身份和生产类型，其他变量的统计检验的显著水平都高于0.05。经纪人是联系农产品生产与流通的桥梁，主要为农户提供产品销售、技术辅导和信息传播等中介服务。家庭人口数量多意味着农户家庭的生产规模比较大，需要更多的信息和更通畅的农产品流通渠道，而经纪人正好满足了大家庭的需求。

表 5-19

参数估计

流通模式[a]		B	标准误	Wald	df	显著水平	Exp (B)	Exp (B) 的置信区间 95%	
								下限	上限
1	截距	-2.444	0.589	17.221	1	0			
	年龄	0.147	0.103	2.040	1	0.153	1.158	0.947	1.416
	学历	0.364	0.124	8.686	1	0.003	1.440	1.130	1.834
	家庭人数	0.117	0.078	2.261	1	0.133	1.124	0.965	1.310
	劳动力人数	0.063	0.112	0.315	1	0.575	1.065	0.855	1.326
	[身份=1]	0.536	0.256	4.373	1	0.037	1.708	1.034	2.822
	[身份=2]	0[b]			0				
	[生产类型=1]	-1.100	0.205	28.890	1	0	0.333	0.223	0.497
	[生产类型=2]	0[b]			0				
2	截距	-2.964	1.108	7.155	1	0.007			
	年龄	-0.122	0.196	0.387	1	0.534	0.885	0.603	1.300

续表

流通模式 a		B	标准误	Wald	df	显著水平	Exp (B)	Exp (B) 的置信区间95%	
								下限	上限
2	学历	0.091	0.237	0.147	1	0.701	1.095	0.688	1.744
	家庭人数	0.130	0.140	0.855	1	0.355	1.139	0.865	1.499
	劳动力人数	−0.048	0.216	0.050	1	0.822	0.953	0.624	1.455
	[身份=1]	1.244	0.423	8.655	1	0.003	3.470	1.515	7.947
	[身份=2]	0b			0				
	[生产类型=1]	−0.547	0.414	1.744	1	0.187	0.579	0.257	1.303
	[生产类型=2]	0b			0				
3	截距	−1.045	1.628	0.412	1	0.521			
	年龄	−0.001	0.264	0	1	0.996	0.999	0.595	1.676
	学历	0.218	0.324	0.450	1	0.502	1.243	0.658	2.348
	家庭人数	−0.611	0.279	4.788	1	0.029	0.543	0.314	0.938
	劳动力人数	0.065	0.369	0.031	1	0.860	1.067	0.518	2.198
	[身份=1]	1.141	0.579	3.882	1	0.049	3.131	1.006	9.743

续表

	流通模式^a	B	标准误	Wald	df	显著水平	Exp (B)	Exp (B) 的置信区间95%	
								下限	上限
3	[身份=2]	0^b			0				
	[生产类型=1]	-1.319	0.519	6.462	1	0.011	0.267	0.097	0.739
	[生产类型=2]	0^b			0				
4	截距	-2.656	1.263	4.423	1	0.035			
	年龄	-0.025	0.217	0.013	1	0.908	0.975	0.637	1.492
	学历	0.317	0.256	1.526	1	0.217	1.373	0.830	2.269
	家庭人数	0.037	0.177	0.044	1	0.834	1.038	0.734	1.467
	劳动力人数	-0.177	0.267	0.436	1	0.509	0.838	0.496	1.415
	[身份=1]	0.718	0.505	2.021	1	0.155	2.050	0.762	5.518
	[身份=2]	0^b			0				
	[生产类型=1]	-1.254	0.413	9.215	1	0.002	0.285	0.127	0.641
	[生产类型=2]	0^b			0				

a. 参考类别是：1=农户+批发商。

b. 因为此参数冗余，所以将其设为零。

同样道理，养殖业也需要更多的信息、技术和良好的销售渠道，而村干部等特殊身份农户对信息也更敏感，这些都是经纪人的强项，他们更倾向于选择经纪人就不足为奇了。

第四，相对于"农户+批发商"的农产品流通模式而言，农户选择"农户+市场"的农产品流通模式的显著影响因素是生产类型，其他变量的统计检验的显著水平都高于 0.05。这说明从事养殖业的农户更倾向于选择"农户+市场"的农产品流通模式。得出这一结论的可能原因在于，养殖类农产品的经济价值更高，农户选择直接面向最终消费者销售，能够获得更高的经济利益。此外，如前文所述，"农户+市场"这一模式在问卷中并没有直接选项，本研究结论是根据农户的直接回答（如消费者、农贸市场、村民等）重新编码获得的，可能存在一些偏差，会影响到最终分析结果。

5.4 市场化与契约型农产品流通模式选择的影响因素分析

本研究在第 4 章中根据交易费用理论，将农产品流通模式划分为市场化模式、契约型模式和企业化模式三种类型。由于本章实证分析采用的数据是对农户调研所产生的，只有农户选择市场化模式和契约型模式的数据，因此，本节将重点分析农户选择市场化模式和契约型模式的影响因素。根据 5.3 节的分析，农户年龄和家庭劳动力人数对农产品流通模式的选择没有显著影响，所以本节分析中舍弃了这两个变量，只保留农户学历、身份、家庭人数和生产类型四个影响因素。此外，根据威廉姆森（2002）的理论分析，交易频率对交易模式选择有重要影响。所以本节的分析中增加了"关系长度"这一变量，关系长度表示农户和农产品收购商之间交易关系维持的时间长短，时间越长也就意味着交易数量越多，交易越频繁。表 5-20 描述了变量名称和变量定义。

表 5-20 变量的名称与定义

变量名称		变量定义
因变量	农产品流通模式	J=1，契约型模式
		J=0，市场化模式
自变量	学历	1表示小学及以下
		2表示初中
		3表示高中（中专）
		4表示大专及以上
	身份	1表示特殊农户
		2表示普通农户
	家庭人数	实际人口数量
	生产类型	1表示养殖业
		2表示种植业
	关系长度	1表示不足1年
		2表示1～2年
		3表示2～3年
		4表示3～5年
		5表示5年以上

本节中分析的因变量是一个二分类变量（1代表契约型模式，0代表市场化模式），所以适用于二分类 Logistic 回归模型（Binary Logistic Regression）。模型具体形式如下：

$$\log it(p) = \ln\left(\frac{P}{1-P}\right) = b_0 + b_1X_1 + b_2X_2 + \cdots + \beta_5X_5 \tag{11}$$

其中，P 代表农户选择契约型流通模式的概率，X_m（m=5）代表农户学历、身份、家庭人数、生产类型和关系长度等自变量，b_0 为常数项，b_m（m=5）表示各自变量所对应的系数。

本节在运用 SPSS19.0 进行数据处理的过程中，将变量全部引入 Binary Logistic 回归模型，然后进行变量的显著性检验，最终的分析结果见表 5-21。根据模型估计结果，将影响农户选择契约型模式的因素分析归纳如下：

表 5-21   分析结果

		B	S.E,	Wals	df	Sig.	Exp（B）
步骤 1[a]	生产类型（1）	−1.087	0.250	18.922	1	0	0.337
	学历	0.212	0.149	2.040	1	0.153	1.237
	关系长度	0.586	0.090	42.325	1	0	1.797
	家庭人数	0.182	0.086	4.465	1	0.035	1.200
	身份（1）	0.343	0.306	1.255	1	0.263	1.410
	常量	−4.155	0.638	42.438	1	0	0.016

a. 在步骤 1 中输入的变量：生产类型、学历、关系长度、家庭人数、身份。

第一，生产类型的 Sig 值是 0，表明其统计检验在 0.01 的水平上显著，这说明生产类型对农户选择契约型模式或者市场化模式具有显著影响。相对于从事种植业的农户，从事养殖业的农户更愿意选择契约型模式。因为养殖业更需要圈舍、苗雏、饲料等专用投入，还需要学习专门的养殖技术。同时，养殖业可能面临的风险也更大，如瘟疫、价格波动等。根据威廉姆森（2002）的理论，当不确定性和资产专用性都很低时，市场交易是有效率的；而当这些因素水平很高时，契约型交易和企业化（一体化）模式就是有效率的。养殖业比种植业的风险不确定性更大，资产专用性投入也更高，所以从事养殖业的农户更倾向于选择一种比较稳定的农产品流通模式，即契约型模式。

第二，关系长度的 Sig 值是 0，表明其统计检验在 0.01 的水平上显著，这说明关系长度对农户选择契约型模式或者市场化模式具有显著影响。根据威廉姆森（2002）的理论，当交易频率都很低时，市场交易是有效率的；而当这些交易频率很高时，契约型交易和企业化（一体化）

模式就是有效率的；农户与农产品收购商的交易关系时间持续越长，说明交易频率越高，农户就更愿意选择具有长期导向的契约型农产品流通模式。

第三，家庭人数的 Sig 值是 0.035，表明其统计检验在 0.05 的水平上显著，这说明家庭人口数量对农户选择契约型模式或者市场化模式具有显著影响。家庭人口数量反映了家庭的生产能力和经济实力，对农产品生产和流通决策有着直接影响。如前所述，契约型模式要求农户投入更多的专用性资产，也要求农户具有较强的经济实力。而农户家庭人口数量越多，也就意味着农户家庭规模更大，经济实力更强，更能够选择契约型农产品流通模式。

第四，学历和身份的 Sig 值都显著高于 0.05，这说明在本节的模型中，相对于生产类型、关系长度和家庭人数 3 个变量，学历和身份对农户选择契约型模式或者市场化模式的影响程度更低，但这并不表明学历和身份对农户选择农产品流通模式没有影响。从表 5-22 中可以看出，随着农户学历的提高，农户选择契约型农产品流通模式的比例也在不断提升，尽管提升的比例有限。表 5-23 表明，与普通农户相比，村干部等特殊农户选择契约型模式的比例也更高。因此，学历和身份在一定程度上也会对农户选择契约型农产品流通模式产生影响。

表 5-22   **学历与契约型模式的交叉表**

			学历				合计
			小学及以下	初中	高中（中专）	大专及以上	
农产品流通模式	市场化模式	计数	195	383	115	35	728
		学历中的 %	90.3%	88.9%	85.2%	83.3%	88.3%
	契约型模式	计数	21	48	20	7	96
		学历中的 %	9.7%	11.1%	14.8%	16.7%	11.7%
合计		计数	216	431	135	42	824
		学历中的 %	100.0%	100.0%	100.0%	100.0%	100.0%

表 5-23　　　　　　　　　身份与契约型模式的交叉表

			身份		合计
			特殊农户	普通农户	
农产品流通模式	市场化模式	计数	90	638	728
		身份中的 %	79.6%	89.7%	88.3%
	契约型模式	计数	23	73	96
		身份中的 %	20.4%	10.3%	11.7%
合计		计数	113	711	824
		身份中的 %	100.0%	100.0%	100.0%

5.5　本章小结

　　本章从农户个人特征、家庭特征和农产品属性等多个层面对农户选择不同农产品流通模式的影响因素进行了研究。通过应用 Multinomial Logistic 回归模型和 Binary Logistic 回归模型进行分析，发现农户学历、身份、家庭人口数、农产品类型和农户与农产品收购商的交易关系长度等变量对农户选择农产品流通模式具有显著影响。结合本章前面几节的分析，可以得到以下几点结论和启示：

　　第一，调查问卷显示，"农户+批发商"的数量最多是 593 份，在 824 份总样本中所占的比例高达 72.0%。这说明现阶段，"农户+批发商"仍然是我国农产品流通的主要模式。"农户+企业"的流通模式占比达到 18.7%，而"农户+合作社"流通模式的比重只有 4%，说明随着农产品流通市场化和农业产业化的不断深入，龙头企业和农民专业合作社有了较大的发展，在农产品流通过程中发挥的作用越来越大，但同时也表明农业龙头企业和农民专业合作社还有很大的发展空间。特别是，现阶段我国农民专业合作社的发展还处于初级阶段，仍然需要加强力度促进合作社发展壮大。

　　第二，研究结论表明，相对于从事种植业的农户，从事养殖业的农户更倾向于选择"农户+企业"和"农户+合作社"的农产品流通模式，也更倾向于选择契约型农产品流通模式。这是因为养殖业比种植业的风险不确定性更大，资产专用性投入也更高，所以从事养殖业的农户更倾向于选择一种比较稳定的农产品流通模式。由此，政府在制定相关政策时应该充分考虑农产品生产类型对农产品流通模式的影响，根据不同的产品类型，制定不同的扶持政策。

第三，家庭人口数量对农户选择农产品流通模式具有显著影响。家庭人口数量反映了家庭的生产能力和经济实力，对农产品生产和流通决策有着直接影响。而农户家庭人口数量越多，也就意味着农户家庭规模越大，经济实力越强，更能够选择"农户+企业""农户+合作社"等农产品流通模式，也更倾向于选择契约型农产品流通模式。因此，专业大户和家庭农场是中国农业未来发展的必然选择。2013 年的中央一号文件中提出，"鼓励和支持承包土地向专业大户、家庭农场、农民合作社流转，发展多种形式的适度规模经营"。专业大户和家庭农场以家庭成员为主要劳动力，从事农业规模化、集约化、商品化生产经营，能够克服自给自足的小农经济弊端，从而对农业生产、农产品流通乃至农村经济发展起到重要而积极的作用。

第四，研究结论表明，农户的学历越高，越倾向于选择"农户+企业"和"农户+合作社"的农产品流通模式，也更倾向于选择契约型农产品流通模式。教育作为最重要的人力资本投资之一，已经受到了非常广泛的关注和验证。已有研究表明，学历是衡量教育水平以及人力资本的一项重要指标。一般认为，农户文化程度越高，其知识面越宽广，素质和修养相对越高，他对农产品流通模式的认识也就越深入。因此，政府应该加大对农村教育的投入，一方面，要强化普及 9 年制义务教育，加强高中和职业中专教育；另一方面，要开展技术、流通、农业政策等多方面的各类培训，以提高农户的自身素质和各方面技能。这样不仅有助于农产品流通模式向现代化方向转变，也更能够促进整个农村经济的发展。

第五，研究结论表明，相对于普通农户，村屯干部等特殊身份的农户更倾向于选择"农户+企业"和"农户+合作社"的农产品流通模式，也更倾向于选择契约型农产品流通模式。因为村屯干部、技术员、种植和养殖大户、合作社带头人等农户都具有某一方面的特长，在农村中也都具有一定的社会身份、地位，并拥有较强的社会网络关系，他们接触的信息比普通农户更加广泛，并且更加关注和了解党和国家政策的变化。此外，《农民专业合作社法》等法规政策在农村的宣传主要就是依靠村屯干部等特殊农户。因此，应该充分发挥村屯干部、技术员、种植和养殖大户、合作社带头人等特殊身份的农户在农产品生产和流通过程中的模范带头作用。

6 农民专业合作社介入的农产品流通模式选择

从对前面章节的分析可以看出,我国"小农户"和"大市场"的矛盾依然十分突出。理论和实践表明,农民专业合作社在解决农户小生产与外部大市场之间的矛盾、农户小规模经营与农业现代化的矛盾中扮演着重要角色,对提高农民进入市场的组织化程度、推动农村经济发展、促进农民增收起着重要作用。农民专业合作社能够将分散的农户组织起来,有助于深化和创新农产品流通体系建设,推动农村经济发展,促进农民增收。尽管自 2007 年《农民专业合作社法》颁布以来,我国农民专业合作社有了快速发展,但仍处于起步阶段,且面临很多问题。如何促进农民专业合作社发展,优化和创新农产品流通模式,则是急需解决的难题。本章将重点研究农民专业合作社介入的农产品流通模式。

6.1 农民专业合作社介入的农产品流通模式：发达国家的经验

在世界范围内，农民专业合作社的发展历史悠久，很多国家的农产品从生产到流通，都有着农业合作社的参与和组织，在许多国家取得了长期的成功，并逐渐形成了三大模式：以日本、韩国等国为代表的东亚模式，以美国、加拿大等国为代表的北美模式和以德国、法国、荷兰等国为代表的欧洲模式。"它山之石，可以攻玉"，在这一节，我们将以日本、美国和德国为例分别对东亚模式、北美模式和欧洲模式进行比较分析，通过对不同国家农民专业合作社的发展以及不同农产品流通模式进行分析，为我国提供借鉴与启示。

6.1.1 以日本为代表的东亚模式

东亚模式主要以日本、韩国等国为代表，是指具有东亚特色的农产品流通模式。中国、日本、韩国3个国家的农业同属典型的东亚小农制模式，都是人多地少，实行的是分散的农户经营，3国在生产经营模式和规模上极为相似。其中，日本平均每个农户经营耕地面积约10 000平方米，韩国户均耕地面积为14 200平方米，我国则为4 400平方米。第二次世界大战结束后，日本和韩国的经济开始恢复，以农户家庭为基础的农业发展很快，日本和韩国农业现代化水平远远高于我国，农产品市场流通体系也非常成熟，日本和韩国的成功经验无疑对我国的农产品流通具有重要启示。下面，我们将着重介绍日本以农协为核心的农产品流通模式。

1947年日本政府颁布了《农业协同组合法》（以下简称《农协法》），对日本农协发展进行了规范。《农协法》规定，日本农协不以营利为目的，应该最大限度地满足成员的需要，从而提高农民的经济社会地位，促进农业生产力发展，实现国民经济的腾飞。日本农协在信息传递、农资购买、技术指导、金融支持等多方面为农户提供一条龙服务，组织农产品从田间生产到消费的全过程，促进农产品流通效率的提升。

数据显示，农户生产的畜产品的 51%、蔬菜的 56%、水果的 82%、大米的 96% 都是通过农协组织流通的。从农产品流通过程来看，日本的农产品流通分为经过批发环节和"直销"两种具体模式。日本农协通过设立"直接销售店"，缩短销售渠道，采用生产者和消费者直接买卖的"直接销售"模式。这种"直接销售"的流通模式减少了批发市场与批发商环节，大大减少了流通成本，提高了流通效率。目前，日本通过直销模式流通的蔬菜占总流通量的 20%，而价格上，能比从批发市场进货的零售店便宜 20%～30%。但是，经过批发环节的农产品流通仍是主要模式。

在农产品流通过程中，为了使这一过程更加合理，降低农产品流通成本，提高农产品流通效率，日本农协在全国范围内建立了一批加工厂、冷库、物流中心、批发市场以及超市和直销店等。例如，东京都大田青果市场就是由全农（全国农协联合会）100% 出资建立的。农协拥有自己的农产品流通组织系统，也拥有完善的技术条件和基础设施，能够及时、有效、安全地组织农产品流通，把农民生产的农产品聚集起来，统一进行销售。

在日本，农协组织通过每年与农户签订从生产服务到流通服务的合同，参与农业生产与农产品流通。农协与农户长期以来形成了相互信任的合作关系，农户信任农协在农产品流通领域的组织能力与议价能力，而农协基于农户利润最大化原则进行农产品的拍卖与销售，这种长期而成熟的委托代理关系，正是日本基于农协组织的农产品流通模式的基础所在。

6.1.2 以美国为代表的北美模式

以美国和加拿大为主的北美国家农业发达，农业现代化程度非常高，农产品流通体系已臻成熟，形成了以农业合作社为主体的农产品流通模式。农产品的流通大部分通过代表农户（农场主）的农业合作社，经过批发商和农产品加工企业等中间环节，再经过连锁食品店和大型超市等发达的零售终端直接进行销售。在现代企业制度和市场经济高度发达的北美国家，尽管农场规模较大，但面对规模更大、实力更加雄厚的大型企业，农场主依然感到势单力薄，于是这些农场主联合起来组成农业合作社进入市场，以抗衡农产品流通下游的大型企业，如图 6-1 所示。因此，农业合作社经久不衰，一直发挥着不可替代的重要作用。

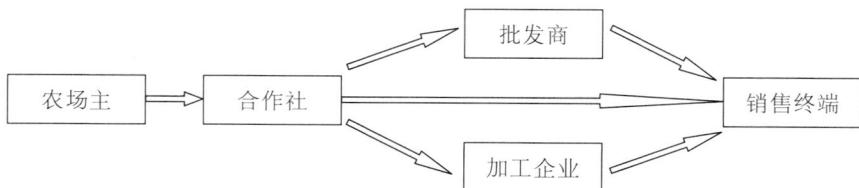

图 6-1 美国农产品流通模式

美国农业之所以能取得令人瞩目的成就，很大程度上源于美国农业合作社强大的服务功能和庞大的规模组织。1810 年，美国康涅狄格州的奶农为了更好地加工和销售生产的奶油，发起成立了奶油生产加工合作社，这是美国历史上农业合作社的起源（唐兴霖等，2010）。这之后，美国农业合作社迅猛发展。1890 年全国大约有 1 000 个合作社，到 1920 年年底就已经达到了 14 000 个。20 世纪 30 年代美国爆发了经济危机，农产品市场出现了严重的供给过剩的局面，为了应对危机，特别是为了促进农产品销售，许多农民都加入了农民专业合作社，其中数量最多的就是流通领域农民专业合作社（魏威，穆久顺，2009）。20 世纪 80 年代以来，美国农业生产面临欧洲和亚洲的冲击，为了应对这种市场格局的变化，同时为了谋求自身的发展，美国农民自发组织起来，成立了"新一代合作社"。进入 20 世纪 90 年代，"新一代合作社"又出现了新特征和新变化，最显著的特征就是实行封闭成员制度，并大力发展农产品加工，提高农产品附加值。

随着合作社的发展，美国流通领域农民专业合作社的体系逐渐健全，规范得到完善，规模不断扩大。美国农业部的调查报告显示，2001 年美国共有 3 791 个农民合作社、324 万社员，交易额达到 1 064 亿美元。其中，大约有 1 234 个合作社主要从事物资供应服务，约 1 606 个合作社主要从事销售和加工服务。在美国农产品流通过程中，通过农民合作社加工、销售的农产品占比达到 80%，国内粮食市场 60% 的市场份额也是经过合作社销售实现的，合作社完成的农产品出口占到全部出口的 70% 左右。

在美国，农民专业合作社成了许多农户销售农产品的必经渠道。比如，在美国牛肉销售市场，许多州都有负责牛肉销售的大型专业合作社，合作社经过农业部批文成立，农户直接将生产的牛肉销售给合作社，再由合作社销往市场。在这种流通模式下，农场主们通过与合作社订立长期收购合同，将市场风险转移给合作社，自身仅从事生产活动。长期的收购销售活动使合作社在商业运作上逐渐成熟，公司化倾向明显，虽然受民主自由文化的影响，有些流通领域农民专业合作社仍然遵循合作社的基本原则，但是许多流通领域农民专业合作社已经不仅仅是一个功能单一的组织了，已经成为集团性的公司，具备一定的经济实力。

美国农业合作社蓬勃发展，是与美国政府的政策扶持密不可分的。在美国，有关农产品营销合作社的政策是作为政府农业政策的一个组成部分，它获得了法律、国会和行政的强有力支持。1914 年的《雷顿补充法案》，1922 年的《凯波-沃尔斯蒂德法案》，1926 年的《合作社销售法》，1937 年的《农业营销协议法》、1967 年的《农业公平交易法》等赋予了农户参加、组建农民合作社的权利，也规范了农民合作社的发展经营（苑鹏，刘凤芹，2007）。

6.1.3 以德国为代表的欧洲模式

欧洲农业发达，农产品市场巨大，德国、法国、荷兰等欧洲国家的农业发展也处于世界领先水平。这些国家的农业合作组织非常发达，通常设有农业合作社和农业协会等合作组织机构，为农产品流通创造了良好的条件。这些农业合作组织既有全国性的组织，也有地区性或者行业性组织，尽管名称、功能、组织机构和管理机制有不同之处，但都在不同程度上为广大农户提供与农业产前、产中、产后相关联的农资采购、农产品销售、信息、技术、仓储、运输等多方面的服务，促进了农产品流通体系的建设，提升了农产品流通效率。下面将重点分析德国以农民合作社为核心的农产品流通模式。

德国的合作社组织发展历史悠久，1864 年赖夫艾森创立"黑德斯道夫信贷合作社",这是德国历史上的第一家合作社。1889 年,德国颁布了《合作社法》,在 100 多年的历史进程中,德国对该法共进行过 4 次较重大的修改,但该法的基本框架结构并未变动。《合作社法》为德国合作社的规范、健康发展提供了法律制度保障。成立于 1948 年的"赖夫艾森协会"是农业合作社的最高机构,代表成员的利益,在政策和管理等方面为农业合作社提供指导和帮助,大力促进农业合作社的发展。赖夫艾森协会为农业合作社提供全方位服务,促进了农业合作社竞争力的提升和合作社经济的稳定。截至 2009 年,赖夫艾森组织中农业合作社的数量达到了 852 家,雇用的员工数量达到了 22 000 名,年销售总额达 18 亿欧元。

如今,德国农业合作社的发展相当规范和成熟,具有一定的典型性和代表性。截至 2009 年年底,德国共有 2 675 个农业合作社,成员数达到 180 万人。也就是说,德国农民几乎全部都加入至少一个农业合作社(李敬锁,2010)。德国的农业合作社已经覆盖整个农村地区,在农资采购、技术帮助、生产管理、信贷支持、农产品销售等方面为农民提供全方位服务。德国的农业合作社种类繁多,经营领域广泛,体系也非常完善。在行业和地区性合作社的基础上,还有跨地区性的合作社乃至全国性的协会。合作社大体分为三大类:一是加工和流通类,主要服务于包装、加工、物流、农产品销售等;二是配套服务类,如种子鉴定、饲料、化肥、农机设备和技术培训等;三是金融类,德国农村合作金融很发达,有各种形式的信用合作社,农户可以得到低于普通银行利率的优惠贷款。德国农业合作社提高了农业生产和流通的组织化程度,在农产品流通中发挥着重要作用,德国 80% 的农场主都参加了各类合作社,通过农业合作社流通的肉类占比达到 30%、谷物类占比达到 50%、蔬菜类以及奶制品类占比为 75%(徐旭初等,2008)。

6.1.4 发达国家农产品流通模式的启示

在前文中,我们对以日本为代表的东亚模式、以美国为代表的北美模式和以德国为代表的欧洲模式进行了比较分析,尽管它们处于不同的地域,有不同的文化背景,但是这三种模式具有很多相同的特征,农业合作社在农产品流通过程中发挥了重要作用。通过对不同国家的农民专业合作社的发展以及农产品流通模式进行分析，为我国提供了启示与借鉴。

第一，要大力提升农民专业合作社在农产品流通中的地位与作用。综前所述，无论是以日本为代表的东亚模式、以美国为代表的北美模式，还是以德国为代表的欧洲模式，农民专业合作社都在农产品流通体系中扮演着非常重要的角色，发挥着非常重要的作用。日本人多地少，属于典型的东亚小农制模式，实行的是分散的农户经营，小生产和大市场的矛盾非常突出，因此农户联合经营是必由之路。以日本为代表的东亚模式的成功也充分说明了"农协"在农产品流通中的重要地位与作用。以美国为代表的北美国家以及德国等欧洲国家，尽管农业非常发达，特别是在美国，农场主经营规模都比较大，但是和大企业、大资本相比，仍然处于弱势地位，因此欧美国家的农户也选择了合作之路，来增强在农产品流通中的谈判能力。如前所述，美国流通主体的组织化程度非常高，新一代合作社及各类农业协会在农产品流通中发挥着重要作用。美国农业生产者一般都是有组织地参与农产品的流通。通过自发组织合作社，或者参加协会及政府建立的一些组织，农业生产者可以更好地进行农产品的生产，了解更多的市场信息，从而更好地销售农产品。因而，美国农产品流通的一个特点就是流通主体通过合作社组织的方式参与产品流通，有计划地进行生产，有目的地把产品销售给某些有特定需要的消费群体。

第二，明确政府的职能与作用。政府与市场作用的发挥并不是矛盾的，而是互补的，关键在于如何对二者进行定位。在社会经济活动中，哪些活动由政府负责、哪些活动交由市场与企业或中介组织，需要做出明确而有效的安排。体制组织的合理选择，不仅可以降低交易费用，而且可以节省组织管理成本。日本、美国、欧洲等发达国家基于农业合作社的农产品流通模式取得成功的一个基本原因就在于政府、企业、市场的角色定位明确，职能范围清晰，从而能够有效地相互配合，发挥各自的作用。日本、美国、欧洲等发达国家基于农业合作社的农产品流通模式，为我国农产品流通模式的改革提供了启迪。

第三，要健全法律制度，加大政策支持。日本、美国和德国等发达国家的经验表明，农民专业合作社的健康发展，必须要有完备的法律、法规做保障，要有财税、金融政策的大力支持。2007 年 7 月 1 日，我国的《农民专业合作社法》正式施行，但其规定较为宽泛，相关政策和措施配套很不完善。农民专业合作社作为一种农民互助经济组织，不以营利为目的，因而许多国家采用财税政策或金融政策来支持其发展。因此，当前要以《农民专业合作社法》为核心，进一步健全和完善法律体系，同时加大财税、金融政策的支持力度，为农民专业合作社的发展创造良好的法律、政策环境，提供全面的法律、政策保障，从而促进农民专业合作社不断发展壮大，充分发挥农民专业合作社在农产品流通中的作用，提升农产品流通效率。

6.2　农民专业合作社介入的农产品流通模式：一个博弈模型分析

前述发达国家的经验表明，农民专业合作社作为连接农户和其他流通主体的桥梁，在农产品流通过程中能够发挥重要作用，可以弥补现有农产品流通模式的不足。在第 4 章中，本书以交易费用理论为分析框架，把农产品流通模式主要划分为市场化模式、契约型模式和企业化模式三种类型，其中市场化模式和企业化模式是两种极端的流通模式，而契约型模式则是介于市场和企业之间的中间模式。这三种不同的农产品流通模式各有优点，在不同的条件下发挥着重要作用，但是，这三种不同的农产品流通模式也都存在着各自的缺陷。例如，在"订单农业""龙头企业+农户"等契约型农产品流通模式下，由于农户和以龙头企业为代表的其他农产品中间商之间存在一定程度的利益冲突，加之双方之间在信息、规模与实力等多方面存在严重的不对称，从而会出现双方关系破裂，以及近年来倍受关注的违约等问题（刘凤芹，2003）。而发达国家的经验表明，通过农民专业合作社，农户和农产品中间商之间能够建立起沟通桥梁，降低双方的交易成本，有助于稳定双方的交易关系，从而提高农产品流通效率。此外，农民专业合作社还能够把分散的农民组织起来，增强农户的讨价还价能力，同时向农户提供信息、资金和技术等帮助，使农户能够适应宏观经济环境的变化，促进农产品流通。因此，在本节中，我们通过一个基于博弈论的数理模型对合作社介入的农产品流通模式展开深入研究。

6.2.1 基本模型

参考泰勒尔（1997）、穆素（2005）等学者关于纵向关系理论和讨价还价理论的研究，我们建立一个简单的模型，假设在某个地区（一个村、一个镇或一个县）有一家农产品中间商①（记为 L）和 n 个同质农户（记为 N），其中 n ≥ 1。所有农户都以一个固定的单位成本 c_N 生产一种初级农产品，并以价格 w 出售给农产品中间商。农产品中间商掌握某种特殊的加工技术，能以一个固定的单位成本 c_L 将一种初级农产品加工转化为一种最终农产品，然后以价格 p 出售给消费者。假设消费者对这种最终农产品的需求由一个线性需求函数来表示：Q = a − p，且 $Q = \sum_{i=1}^{n} q_i$，其中 $a > c_L + c_N$，Q 表示对最终农产品的市场需求总量，q_i 表示第 i 个农户的初级农产品的产量。为了分析的方便，我们再进一步假设每个农户的产量都相同，即 $q_i = q$，所以有 Q = nq。

尽管在现实的农业产业化过程中，农产品中间商和农户之间的契约安排是非常复杂的，但是为了分析的简便和理论的简洁，我们在模型中将更多关注初级农产品的销售价格，然而这并不会影响我们得到的结论。在模型中，农产品中间商和农户之间对初级农产品的流通模式可以有多种选择，他们可以按照市场价格进行直接的现货买卖，我们称为市场化流通模式；他们还可以通过签订协议或契约按照约定的价格进行交易，我们称为契约型流通模式，实际上是对现实中的订单农业或农业产业化的一种抽象化。在模型中，我们只分析契约型交易的两种典型模式：一种是"农户+中间商"，即农产品中间商和农户直接签订合同进行交易；另一种是"农户+合作社+中间商"，是指农户组成合作组织，

---

① 本模型中的"农产品中间商"指的是把农户和消费者联结在一起的中间人，可以理解为农产品经纪人、农产品加工企业、农产品批发商、零售商等。

通过合作组织同农产品中间商签订合同进行交易①。

6.2.2　不同模式下的均衡分析

在这一部分，我们将分别讨论农产品流通市场化模式，以及"农户+中间商"模式和"农户+合作社+中间商"模式等不同模式下的均衡问题。

1）市场化流通模式下的均衡

在市场化流通模式下，农户和农产品中间商分别考虑各自的利润最大化问题。农产品中间商通过选择最终农产品的零售价格来求解以下问题：

$$\max_p \pi_L = (p - w - c_L)Q = (p - w - c_L)(a - p) \tag{1}$$

一阶条件为：

$$\frac{\partial \pi_L}{\partial p} = a + w + c_L - 2p \tag{2}$$

因此，在市场化流通模式下，最终农产品的销售价格为：

$$p^{ni} = \frac{a + w + c_L}{2} \tag{3}$$

销售数量为：

$$Q^{ni} = \frac{a - w - c_L}{2} \tag{4}$$

农产品中间商的利润为：

$$\pi_L = \frac{(a - w - c_L)^2}{4} \tag{5}$$

根据公式（4）有 $Q = \frac{a - w - c_L}{2} = nq$，我们可以得到 $w = a - c_L - 2nq$，典型农户将通过选择初级农产品的产量来求解以下问题：

$$\max_q \pi_N = (w - c_N)q = (a - c_L - 2nq - c_N)q \tag{6}$$

一阶条件为：

$$\frac{\partial \pi_N}{\partial q} = a - c_L - c_N - 4nq \tag{7}$$

---

① 模型分析中所提到的"农民专业合作社"（简称合作社）是指以农户为主，并按合作原则（适用于《农民专业合作社法》）组建的各类涉农合作组织，包括现实中的各种涉农"协会""合作社"等。

因此，每个农户的初级农产品产量都是：

$$q^{ni} = \frac{a - c_L - c_N}{4n} \tag{8}$$

每个农户都将获得利润：

$$\pi_N = \frac{(a - c_L - c_N)^2}{8n} \tag{9}$$

由公式（5）和（9），我们可以得到在市场化模式下，农产品中间商和所有农户的总利润：

$$\pi_T^{ni} = \pi_L + n\pi_N = \frac{3(a - c_L - c_N)^2}{16} \tag{10}$$

2）"农户+中间商"契约模式下的均衡

如果农户和农产品中间商之间签订契约，即农产品流通采用"契约型"模式，那么农户和农产品中间商之间的关系更加紧密，在其他条件不变的情况下，他们将能够获得最大化的联合利润：

$$\max_p \pi_T^i = \pi_L + n\pi_N = (p - w - c_L)Q + n(w - c_N)q = (p - c_L - c_N)(a - p) \tag{11}$$

一阶条件为：

$$\frac{\partial \pi_T^i}{\partial p} = a + c_L + c_N - 2p \tag{12}$$

因此，在契约交易条件下，最终农产品的销售价格为：

$$p^i = \frac{a + c_N + c_L}{2} \tag{13}$$

最终农产品的销售量为：

$$Q^i = \frac{a - c_N - c_L}{2} \tag{14}$$

联合利润总额为：

$$\pi_T^i = \frac{(a - c_L - c_N)^2}{4} \tag{15}$$

通过比较公式（10）和（15），可以知道 $\pi_T^i > \pi_T^{ni}$，因此我们得到重要命题如下：

命题 1　与市场化流通模式相比，在契约型农产品流通模式下，即在实施农业产业化以后，农产品中间商和所有农户获得了更高的联合利润总额，这意味着农业生产效率得到了提高。

上面的分析表明，在"农户+农产品中间商"的契约型农产品流通模式下，农产品中间商和所有农户获得了更高的联合利润总额。然而定理 1 并不能保证农户和农产品中间商一定有动力选择契约型模式，他们是否选择契约型模式主要取决于联合利润的分配方式。只有当他们获得的利润分别高于在市场化流通模式下的利润时，他们才会选择契约型农产品流通模式。为了分析简便，我们假设联合利润总额在农产品中间商和农户之间的分配主要取决于双方的讨价还价能力（bargaining power），每个农户都具有一样的讨价还价权重 α，而农产品中间商的讨价还价权重为 β，于是有 $n\alpha + \beta = 1$。所以，每个农户获得的利润为 $\pi_N^i = \alpha\pi_T^i$，农产品中间商获得的利润为 $\pi_L^i = \beta\pi_T^i$。我们再假设农产品中间商和农户只对初级农产品价格 w 进行讨价还价（谈判），从而实现对联合利润 π_T^i 的分配。一种极端情况是，农户根本没有讨价还价的能力，即 $\alpha = 0$，此时农户按照单位成本销售初级农产品（$w = c_N$），所获利润为 0（$\pi_N^i = 0$），而农产品中间商将获得全部联合利润（$\pi_L^i = \pi_T^i$）。另一种极端情况是，农产品中间商完全没有讨价还价的能力（$\beta = 0$），此时农产品中间商将不能获得联合利润（$\pi_L^i = 0$），而所有农户将平分全部联合利润，每个农户将获得利润 $\pi_N^i = \dfrac{\pi_T^i}{n}$，初级农产品售价为 $w = \dfrac{a + c_N - c_L}{2}$。

因此，我们得到命题 2：

命题 2 在"农户+农产品中间商"的契约型流通模式下，农户和农产品中间商的联合利润能够增加，但并不能保证农户和农产品中间商一定选择契约型农产品流通模式。只有当 $w \in \left[c_N, \dfrac{a + c_N - c_L}{2} \right]$ 时，农户和农产品中间商才会选择契约型模式，并且都能够获得利润增值。

3）"农户+合作社+中间商"模式下的均衡

现有许多研究都表明，在现实经济中，农产品中间商的讨价还价能力比农户更强。咸春龙（2002）认为，多数农户与龙头企业之间的主体地位仍不对称，农户处于无组织状态，在交易中处于被动不利地位，无法分享加工增值和销售利润。张闯和夏春玉（2005）认为，同农户相比，农产品中间商拥有更高的讨价还价能力，其原因在于农产品流通渠道中权利结构的失衡，农产品中间商掌握更多的渠道权利。而农户能够获得更强的讨价还价能力的一个重要途径就是组成农民专业合作社，这样就能使农户和农产品中间商相抗衡。农民组成农民专业合作社之后，农产品中间商面对的谈判对象将由单个的农户变为农民专业合作社。假设农民专业合作社的集体讨价还价权重为 α'，农产品中间商的讨价还价权重变为 β'，于是有 $\alpha' + \beta' = 1$。很明显，只有当 $\alpha' \geq n\alpha$ 时，农民专业合作社才能够建立，并将使农户利润增加。

如果农民专业合作社只是单方面提高农户的讨价还价能力，那么就会削弱农产品中间商参与农业产业化的积极性[①]。然而很多研究表明，农民专业合作社建立后，不但能够增强农户的讨价还价能力，还可以降低农户的生产成本。例如，应瑞瑶（2006）分析了江苏省泰兴市七贤家禽产销合作社的案例，指出该合作社在规模扩张的基础上选择向产前的苗鸡孵化和饲料加工延伸，从而实现了规模经济，降低了养殖户的养殖成本。因此，我们假定农户组成经济合作组织之后，单个农户的生产成本会降低为 $c_N' < c_N$，于是农产品中间商和农户的联合利润会变为 $\pi_T' = \dfrac{(a - c_L - c_N')^2}{4} > \pi_T^i$。此时，每个农户都将获得更多的利润 $\pi_N' = \dfrac{\alpha'\pi_T'}{n} > \pi_N^i = \alpha\pi_T^i$，而农产品中间商获得的利润为 $\pi_L' = \beta'\pi_T'$。因此，农民专业合作社不但能够增强农户的讨价还价能力，而且能够增加联合利润，从而有助于提高农户和农产品中间商选择契约型农产品流通模式的积极性。不仅如此，农民专业合作社的成立，意味着在中间商与分散农户之间出现了一个"批发交易者"，从而也节约了中间商的交易费用，大大提高了中间商的交易效率与生产效率。由以上分析，我们可以得到如下命题：

命题 3　在契约型农产品流通模式下，同"农户+中间商"模式相比，"农户+合作社+中间商"模式不但会增强农户的讨价还价能力，同时会增加联合利润，从而提高农民收入（利润）。

---

① 如果"农户+合作社+中间商"模式下的联合利润总额和"农户+中间商"模式下是相同的，那么由于 $\beta' < \beta$，则建立农民专业合作社必然会减少农产品中间商的利润，从而降低其参与契约型交易的动力。

6.2.3 模型分析的主要结论及讨论

本节运用一个基于博弈论的数理模型分析了在不同的流通模式下，农产品中间商和农户的利益分配是有差别的。我们认为，同市场化交易模式相比，在契约型交易模式下，即实施订单契约以后，农产品中间商和所有农户获得了更高的联合利润总额，这意味着农业生产效率得到了提高，但并不能保证农民收入一定增加，其主要取决于农民与农产品中间商之间的讨价还价能力。同"农户+农产品中间商"模式相比，"农户+合作社+中间商"模式是一种更有效率的农产品流通模式，这是由于农民专业合作社一方面降低了农户的生产成本，另一方面也节约了农产品中间商的交易费用，大大提高了交易效率与生产效率，从而增加了联合利润。此外，在"农户+合作社+农产品中间商"模式下，农民的讨价还价能力得到了增强，从而使农民收入也得到了提高。因此，在优化农产品流通模式的过程中，大力发展农民专业合作社，不但会有利于提高农业生产效率，而且会增加农民收入。而农民增收又会提升农民参与农业生产经营的积极性，促进我国农业与农村全面发展，进而推动经济社会全面进步。

6.3 农民专业合作社介入的农产品流通模式选择与案例分析

前文对发达国家的经验总结和博弈模型的分析结果都表明，农民专业合作社作为连接农户和其他流通主体的桥梁，在农产品流通过程中能够发挥重要作用，可以弥补现有农产品流通模式的不足。而当前在我国农产品流通体系中，农民专业合作社不断发展壮大，也涌现出多种不同的合作社介入的农产品流通模式。在本节中，我们将结合具体案例来重点分析四种典型的农民专业合作社介入的农产品流通模式："农户+合作社+龙头企业"模式、"农户+合作社+超市"模式、"农户+合作社+直销店"模式、"农户+合作社+电子商务"模式。

6.3.1　农民专业合作社介入农产品流通的四种典型模式

1)"农户+合作社+龙头企业[①]"模式

正如前文第 3 章所述，在 20 世纪 90 年代，以"农户+龙头企业"为主要组织形式的农业产业化经营蓬勃发展，在带领农户参与市场竞争、推广农业产业化经营思想、引导农业产业结构调整和培育农产品流通主体等多方面发挥着重要作用。但是，随着农业产业化和订单农业不断深入发展，"农户+龙头企业"的组织模式也引发了很多问题和矛盾。有关资料表明，"订单农业"违约率曾经一度高达 80%（刘凤芹，2003）。对于以龙头企业为主导的农产品流通模式，尽管农户与龙头企业之间通过订单契约建立了比较紧密的交易关系，但农户与龙头企业双方之间的利益冲突并没有完全消除。农户与龙头企业各自的利益诉求不一致，双方都会追求自身利益的最大化，同时农户与龙头企业之间还存在信息不完全和信息不对称，因此不可避免的，双方都有可能采取机会主义行为，从而造成履约障碍或者是违约行为发生。此外，由于我国法律环境薄弱，司法诉讼成本很高，因此也带来了违约治理困难的问题。也就是说，当农户和龙头企业中的一方违约时，另一方并不能通过法律途径来制裁对方，从而纵容了违约行为的普遍发生。

鉴于"农户+龙头企业"模式的缺陷，理论和实践提出了"农户+农民专业合作社+龙头企业"模式。在农户和龙头企业之间加入农民专业合作社这一环节，看似增加了农产品流通链条的长度，实则是对"农户+龙头企业"模式的完善与矫正。通过"农户+农民专业合作社+龙头企业"与"农户+龙头企业"相比较，我们发现：农户和龙头企业的分工内容基本保持不变，只是农户与龙头企业之间不再直接进行关联，而由农户自发构成的农产品专业合作社取代了自己与龙头企业进行契约签订，合作社充当了农户与龙头企业之间的桥梁。农业合作社将分散的农民集合起来，根据订单要求组织生产，并对农户的农产品进行统一收购，然后组织进行销售。合作社介入农户和龙头企业之间的具体分工

---

　①　本节所分析的龙头企业实际上是生产加工型企业，但为了行文方便，简写为龙头企业。

为：第一步，合作社与龙头企业按照合约规定下订单，明确农产品需求（订购数量、质量标准、技术指标），然后由合作社联系农户并安排生产；第二步，在农产品生产过程中，合作社全程为农户提供农资、信息、资金、技术支持等全方位服务；第三步，合作社与龙头企业一起验收农产品，完成交易。

"农户+农民专业合作社+龙头企业"模式的优点在于：首先，农民专业合作社是农户的代表，合作社与龙头企业交易能够减少交易成本（包括搜寻成本、签约成本、监督成本和执行成本等），降低违约倾向，稳定双方的交易关系；其次，同分散的单个农户相比，农民专业合作社作为一个组织，其实力大大增强，能够平衡与龙头企业之间的权利结构，在谈判、签约和履约过程中能够代表农户的利益，为农户争取更多的权益；最后，农民专业合作社是非营利组织，以服务农户和惠顾农户为己任，因此农户的利益会得到强有力的保障。尽管我国农民专业合作社近年来发展迅速，数量不断增加，然而也要清醒地看到农民专业合作社在我国的发展还处于初级阶段，缺乏规范性，其经营管理机制还不完善，因此培育实力强、有竞争力的农民专业合作社是当下工作的重点。

2）"农户+合作社+超市"模式

近几年，"农户+合作社+超市"模式作为一种新型的农产品流通模式在各地得到快速发展，推动了我国农产品流通体系的变革，加快了农产品流通现代化的进程。从 2008 年起，商务部、财政部、农业部等中央部委共同牵头大力发展"农超对接"模式，其整体发展态势良好，已经由原来的局部试点到目前在全国大面积推广。截至 2011 年年底，全国已有 800 家规模以上连锁经营企业开展"农超对接"，从业人员超过 200 万人，参加"农超对接"的农民专业合作社已突破 1.56 万个，社员总数超过 100 万。有数据表明，通过"农超对接"，超市的生鲜农产品经营成本可以降低约 10%，合作社社员年均增收达到 4 000 元（郑鹏，2012）。

随着超市在我国的迅速发展，以超市为零售终端的农产品营销渠道模式在逐渐壮大。在大中城市以连锁经营为特征的专业超市、大超市、大卖场不断设立，以专业经营或者综合经营的形式加入农产品零售经营的行列中。另外，全国各地都在进行"农改超"行动，这也在很大程度上引导和带动了农产品零售终端业态向超市集中，为开展"农超对接"奠定了基础。"农超对接"模式是指超市凭借自身在市场管理、市场信息等方面的优势，全过程参与农产品生产、加工、流通，为农户提供信息咨询、物流配送、产品销售、技术支持等多方面服务，将小农户与大市场有效连接起来，从而成为农户与消费者之间的联系纽带，充分发挥流通带动生产的作用，促进农民增收（姜增伟，2009）。

从前面的分析可以看出，"农超对接"模式减少了农产品流通的中间环节，有助于降低农产品流通成本，提高流通效率，但是"农超对接"模式也存在一些问题。首先，现阶段，很多超市并不具备直采的业务能力，并且直采的运输成本比较高，使得超市直采面临很大的困难。其次，我国农户规模小，生产经营分散，生产的农产品标准化程度不够，农产品质量无法保证，这些问题的存在进一步制约了"农超对接"的发展。此外，农户和超市双方还存在利益冲突，双方为了自身的利益难免产生矛盾，这样就直接影响了"农超对接"双方的长期合作。因此，农民专业合作社介入"农超对接"，将有助于以上问题的解决。首先，合作社能够把分散的农户组织起来，并对农户生产进行监督管理，保证了农产品的质量和标准化；其次，合作社统一生产、加工、运输、销售，能够带来规模经济，"直供"超市，缓解超市"直采"的困难；最后，合作社作为农户和超市之间沟通的桥梁，能够代表农户和超市进行谈判，有助于缓解农超之间的利益冲突。

"农户+合作社+超市"是"农超对接"的一种重要模式，是超市直接深入农产品产地与农民专业合作社等生产者组织建立直接采购关系，从生产者手里直接采购农产品的产销对接模式。在具体的操作过程中，根据与超市签订的供货协议，农民专业合作社向超市直接供应农产品，没有其他流通环节。"农户+合作社+超市"模式具有如下特征：超市作为零售终端与农户以及农民合作社直接进行交易，双方之间省去其他的中间环节，农产品流通是通过超市"直采"或者合作社"直供"的形式完成的。在"农超对接"过程中，超市凭借自身在市场信息、资金、技术、管理等方面的优势为农民专业合作社提供资金、信息、物流、技术和管理等方面的服务；合作社对农户生产进行监督管理，从而保证了农产品的质量和标准化。

"农户+合作社+超市"模式的优点主要体现在以下方面：第一，从整个农产品流通过程来看，减少了农产品流通环节，缩短了流通渠道的长度，降低了农产品流通成本，超市与合作社通过对农产品从生产到超市售卖进行全过程的监督控制，实现了农产品质量安全和可追溯。第二，从超市角度来看，保证了生鲜农产品的供应，降低了农产品的收购价格，节省了流通成本；合作社对农产品生产、流通全程负责，同时也保证了农产品流通质量安全，从而提高了超市的市场竞争力。第三，从农户角度来看，通过农民专业合作社与超市签订协议，农户避免了盲目性生产，降低了市场风险，也能够使农户的利益得到保证。第四，从消费者角度来看，消费者可以买到价格便宜而且质量有保证的农产品。

综上所述，"农户+合作社+超市"是"农超对接"的一种主要模式，减少了流通环节，降低了流通成本，提升了农产品流通效率，密切连接了农户和消费者，是一种能够使农户、合作社、超市、消费者和社会等多方共赢的农产品流通模式。

3）"农户+合作社+直销店"模式

"农户+合作社+直销店"的农产品流通模式，是指以农户为主体的农民专业合作社在城市居民社区、农产品批发市场或者农贸市场等地方建立农产品直销店，目的是销售合作社生产的各类农产品。这种农产品流通模式不仅有利于稳定农产品销售渠道和价格，还是减少流通环节、降低流通成本的有效手段，也有利于实现农产品从田间到餐桌的全过程质量控制。以蔬菜为例，目前，蔬菜从田间地头经一级批发进入各大蔬菜批发市场，再进入二级批发市场，二级批发商再分销给超市或零售商，一共要经过至少5道程序，其中每一环节加价至少在8%~25%。以白菜为例，菜贩以每千克0.5元的价格将菜从菜农手里批发出来，经5道程序到达市民手中时，价格已经涨到了每千克2~3元，是最初批发价的近4~6倍。因此，蔬菜直销店的出现，有利于减少中间商加价的行为，使市场上的蔬菜价格更趋合理。"农户+合作社+直销店"的农产品流通模式具有以下几方面的优势：

第一，"农户+合作社+直销店"的农产品流通模式为城市社区居民提供了优质、平价的农副产品，让居民买得舒心、吃得放心。社区居民不必每天到农贸市场去挑选食品，不出社区就能购买到新鲜的农副产品，真正实现了物美价廉，使农民"卖菜难"和居民"买菜贵"的问题得到了较好解决。

第二，"农户+合作社+直销店"的农产品流通模式增加了农民的收入。开办直销店，拓宽了合作社的销售渠道，实现了农产品从田间地头到市民餐桌直达，节省了流通环节费用，增强了合作社的盈利能力，促进了农民增收。据调查分析，"农产品直销店"可节省 30%～50% 的流通环节费用。

第三，"农户+合作社+直销店"的农产品流通模式有利于建立健全农产品流通体系，畅通农产品流通渠道，提高农产品流通效率，对促进农民专业合作社发展、建立健全农产品直供直销长效机制、稳定农产品市场价格、增加农民收入、服务国家宏观调控具有十分重要的意义。

第四，"农户+合作社+直销店"的农产品流通模式有利于提高农民的组织化程度和合作社市场占有率，增强服务成员的能力，促进农民增收。农民专业合作社能够充分发挥专业优势和规模优势，以建设"直销店"为突破口，通过打造农产品品牌，提高农产品竞争力，直接面向消费者，提升市场占有率。同时，农民专业合作社与各成员之间不是简单的购销关系，成员能够通过销售农产品获得收入，还享有利润分配的权利，从而真正实现合作共赢。

第五，"农户+合作社+直销店"的农产品流通模式促进了农产品质量建设。为更好地向城市居民提供安全、优质、鲜活的农产品，打造农产品品牌，开设直销店的农民专业合作社十分重视农业标准化生产，积极开展农产品质量认证，建立农产品质量源头追溯制度，有力地促进了农产品质量建设。有的合作社还提供"质量检测卡"，在这张卡上，种植者、生产单元、采收时间、采收数量、产品检测、物流单元等信息标得清清楚楚。有的合作社在直销店铺里提供速测仪，专门用于蔬菜农药残留检测。

4）"农户+合作社+电子商务"模式

"农户+合作社+电子商务"的农产品流通模式，是指农户组建农民专业合作社，通过第三方网站（如淘宝网、拍拍网等）或者自建农产品电子商务平台销售农产品。近年来，随着信息技术不断发展、软硬件基础设施不断完善以及互联网的普及应用，我国电子商务发展迅速。中国互联网络信息中心（CNNIC）发布的数据显示，截至 2012 年 12 月底，我国网民总人数达 5.64 亿，全年共计新增网民 5 090 万人。互联网普及率为 42.1%，较 2011 年年底提升了 3.8%。

阿里巴巴集团研究中心发布的《农产品电子商务白皮书（2012年）》显示，2012 年阿里平台上共完成农产品交易额 198.6 亿元，同比增长 75%。报告认为，电子商务的跨地域特性能够帮助农村居民打破以往的有形市场的物理局限，有效拓展全国乃至全球市场。报告显示，2012 年阿里平台涉农网店数量快速增长。以淘宝网（含天猫）为例，截至 2012 年，正常经营的注册地在农村（含县）的网店数为163.26 万个，其中注册地在村镇的为 59.57 万个；经营农产品类目的网店数为 26.06 万个，涉及农产品数量 1 004.12 万个。而在阿里巴巴B2B 平台，经营农业类目的诚信通账号在 2012 年年底也达到 1.7 万个。这些都说明中国农产品电子商务的发展存在巨大的市场驱动力和市场空间潜力。

农产品电子商务通过线上网络店铺完成交易，线下通过物流配送把农产品送到消费者手中。农产品电子商务包括很多具体模式，而"农户+合作社+电子商务"是一种很重要的模式，这种模式通过农民专业合作社把小农户集中组织起来，合作社自建农产品销售网站或者通过第三方网站平台（如淘宝网、拍拍网等）开展电子商务。"农户+合作社+电子商务"模式可以省去经纪人、批发商、零售商等多个中间环节，农民专业合作社把农产品直接出售给消费者，降低了农产品流通中介费用，从而使农户收入增加、消费者支出减少，实现了农户与消费者双方共赢。

从农户角度来看，通过农民专业合作社来开展农产品电子商务，可以解决农产品销售困难、价格偏低的问题，增加农民收入，同时保证了农产品质量。农民专业合作社把分散经营的农户组织起来，增强了农户的实力，通过电子商务销售农产品，在农户和消费者之间架起了桥梁，双方直接建立了交易关系，减少了农产品流通的中间环节，降低了流通成本，有助于农民增加收入。此外，农民专业合作社实行统一农资供应、统一生产标准、统一操作规程、统一产品质量标准、统一采收包装储存配送，推广绿色农产品的生产，极大地提高了农产品质量安全水平。

从消费者的角度来看，通过"农户+合作社+电子商务"模式，消费者可以购买到质优价廉的农产品，大大提升了福利水平。由于网络直销减少了农产品流通的中间环节，消费者能够享受到更优惠的价格。农民专业合作社为农产品质量提供了保证，特别是生鲜农产品保鲜时间短，合作社能够按要求及时配送。此外，农产品电子商务还能通过"网上下单，送货上门"的服务给消费者带来便利。

6.3.2　多案例比较分析

上一节对"农户+合作社+龙头企业"模式、"农户+合作社+超市"模式、"农户+合作社+直销店"模式、"农户+合作社+电子商务"模式四种典型的农民专业合作社介入的农产品流通模式进行了理论上的阐述，表明农民专业合作社作为连接农户和其他流通主体的桥梁，在农产品流通过程中能够发挥重要作用，可以弥补现有农产品流通模式的不足。在本节，我们将结合四个典型案例来进一步展开分析。

1）案例一：烟台中粮葡萄酿酒生产合作社

（1）案例背景

由中粮烟台葡萄酿酒有限公司牵头，在山东蓬莱成立了"葡萄酿酒生产合作社"。按照合作社的国际基本准则，制定了合作社章程，按照自愿原则，该合作社发展农户以及乡镇技术人员成为社员。以蓬莱市南王镇磕王村为例，这个小村只有 26 户人家，土地瘠薄，原来年人均纯收入不足 2 600 元。自从和中粮合作后，全村耕地全部种上了酿酒葡萄，村民的年人均收入超过 5 000 元（张亮，2006）。

中粮公司租用农户的土地，并签订土地租用合同，租期一般是 30 年，1 公顷地年租金 6 300 元，每 3 年增加 600 元/公顷租金。这些土地成为中粮的生产基地，农户则在基地内生产农产品，公司支付给农户的标准是每 1 公顷地 1 年的报酬为 12 000 元左右。

通过与中粮公司签订生产基地管理合同，合作社获得了中粮公司的授权，按照合同的规定对生产基地进行日常管理，并负责收购农产品。合作社在产前、产中、产后为社员提供农资购买、技术指导、农机具维修、农产品销售等全方位服务。此外，合作社还享有中粮公司利润分配的权利。

由于农业生产存在很大的自然风险和市场风险，因此中粮公司和农户建立了共同的风险基金，作为抵御自然风险和市场风险的补偿金，使得农户和公司之间真正做到了风险共担。具体的措施是：中粮公司把销售收入的 0.5% 拿出来作为企业的风险基金，主要用于补偿由自然灾害和市场风险带来的损失；农民按照每耕种 1 公顷土地出资 900 元作为风险抵押金与企业共担风险。

（2）案例分析

中粮葡萄酿酒生产合作社模式（以下简称中粮模式）实质上是一种"农户+合作社+龙头企业"的运作模式，是对"农户+龙头企业"模式的改进和完善。农户、合作社和中粮公司三个参与者之间以酿酒葡萄生产基地为合作平台，以契约明确了三者之间的组织关系。其突出特点是中粮公司也参与到合作社中，合作社在农户和中粮公司之间起到了重要的中介作用，可以使农户和中粮公司之间的交易关系更加紧密。"中粮模式"的主要优势体现在以下三方面：

第一，通过规范的合同组织生产经营。一方面，中粮公司与农户签订了土地租用合同和雇佣合同，中粮公司按照租地合约向农户支付租金，并建设酿酒葡萄生产基地；农户按照雇佣合同的要求生产酿酒葡萄，并获得工资收入。另一方面，中粮公司还与合作社签订了葡萄生产基地的管理合同，合作社按照管理合同的要求，对农户生产进行监督管理，并为农户提供农资购买、技术指导、资金支持等服务，同时还负责酿酒葡萄的收购。可见，农户、合作社和中粮公司都要按照合同要求办事，合同明确规定了三方各自的权利和义务，出现问题时可以按照合同规定进行解决。因此，通过规范的合同组织生产经营活动，不但保障了三方各自的利益，还提高了生产经营绩效。

第二，农户收入得到了保证。首先，农户通过出租土地，获得了租金，租地合约规定每三年地租都会按照一定比例增长，这给农户带来了稳定的收入来源。其次，农户在酿酒葡萄生产基地工作，只要完成合同规定的任务就能获得工资收入。农户在生产过程中不需要投入资金，所有生产资料都由中粮公司免费提供。最后，如果农户超额完成任务，还能获得额外的奖金，这实际上是一种利润分享机制，能够充分调动农户的生产积极性，进而提高了生产效率。

第三，合作社发挥重要作用。首先，合作社为农户提供农资购买、信息传递、技术指导、农机具维修、资金支持等服务，充分发挥了合作社自身的服务功能。其次，按照合同的规定，合作社还对农户的生产活动进行监督管理，并负责葡萄收购，不但保证了农户顺利完成任务，也保证了农产品的标准和质量。再次，合作社作为农户的代表，对中粮公司进行监督，从而保证了中粮公司不会损害农户的合法权益，使农户的权利得到了保障。最后，按照合同的规定，合作社除了可以获得中粮公司提供的运营资金外，还有权利享受盈利分配，这就能够激励合作社按照合同要求完成任务，提高了合作社经营管理的积极性。

2）案例二：家乐福"农超对接"项目

（1）案例背景①

自2008年以来，"农超对接"在我国发展十分迅速，以家乐福为代表的"农户+农民专业合作社+超市"模式非常典型。家乐福超市作为一家大型的跨国零售企业，在中国的发展过程中一直非常重视本土化。农产品的"农民直供"超市模式在欧洲已经比较成熟，因此，家乐福把欧洲的"农民直供"引入中国，实施了"农超对接"项目，在超市里直接销售农民专业合作社生产的农产品。

2007年年初，家乐福开始引进"农超对接"模式，截止到目前，家乐福已经向全国32个省、自治区、直辖市的近500家农民专业合作社直接采购苹果、橙子、土豆、胡萝卜等蔬果农产品，并通过全国40多个地

---

① 本节资料主要来源于家乐福中国网站：http://www.carrefour.com.cn。

区开设的近 200 家门店进行销售。为了帮助农民专业合作社对农产品质量进行监管，家乐福设立了"农超对接协调员"，这些协调员会对合作社进行指导帮助，直接介入农产品生产监督管理过程；为了提高农民专业合作社的生产、经营、管理能力，家乐福定期开设"农超对接培训班"，对合作社的领导人开展生产、技术、管理等多方面培训，自 2008 年以来，已在 26 个省、自治区、直辖市组织了 40 期农超对接培训，共有近 5 000 名农民专业合作社代表参加了此类培训。特别是在"家乐福合作伙伴日"举行的培训，农民专业合作社代表会接受农产品的种植技术和食品安全技术培训，从理论和实践两方面提升了农民合作社代表的知识结构。

依据采购距离的远近，家乐福采用了两种不同级别的采购系统。一种级别是"总部直采"，即由全国"农超对接"采购部门负责，重点采购适合长距离运输的水果和蔬菜，如干果、橙子、苹果、荔枝、马铃薯以及反季蔬菜等；另一种级别是"城市直采"，即由各地区"农超对接"采购部门负责，主要采购城市周边的蔬菜以及当地的名优水果，如萝卜、茄子、西红柿等。

为保证农产品供应量和产品品质，家乐福对参与"农超对接"的农民专业合作社要求组织机构代码证、税务登记证、营业执照、国税自产自销证明四证必须齐全。家乐福非常重视农民专业合作社的真实性，农产品应该是合作社成员自己生产，而不是从外部采购的，因此要求合作社必须是原产地发货。为了保证农产品质量，家乐福制定了严格的监控程序，家乐福要求农民专业合作社要严格监管质量标准，双方共同商定产品质量标准，并编制农产品 ID 卡。此外，农民专业合作社还要配合家乐福在农残等质量方面的检测工作（李世武，2011）。

农民专业合作社参加"农超对接"项目，家乐福不收取任何费用。农产品的运输成本已经包含在合作社的报价中，在农产品 ID 卡中，家乐福承担 3% 的自然损耗，而合作社承担超过 3% 的损耗部分。针对"农超对接"的农产品，家乐福不定期地组织各种大型促销活动，免费帮助农民专业合作社推广特色农产品，如在北京举办"海南水果节"、在上海和北京举办"新疆直供产品展销会"等。此外，家乐福还把欧洲的 SOCOMO 公司请到中国，采用更专业的手段管理"农超对接"项目，并通过家乐福在全球的超市网络将中国优质农产品推向国际市场。

湖北省秭归县是脐橙重要产区，2008 年秭归县脐橙因灾滞销，但是成立于 2007 年的耀得脐橙营销专业合作社由于参加了家乐福"农超对接"项目，"直采"销售脐橙 460 吨。耀得合作社理事长吴会前认为，通过与家乐福合作，耀得合作社不仅给脐橙找到了销路，更重要的是积累了经验，开阔了思路。现在，耀得合作社还把脐橙卖到了中百仓储超市，并开始向黑龙江、北京、郑州等地的大型批发市场发货甚至准备出口（颜菊阳，2009）。

（2）案例分析

通过前文对家乐福"农超对接"案例的研究，我们可以发现，"农户+合作社+超市"模式是超市直接深入农产品产地与农民专业合作社建立直接采购关系，从农户手里直接采购农产品的产销对接模式。家乐福成立单独的"直采"部门，与农民专业合作社签订采购合同，合作社再组织农户进行生产，并全程进行监督管理，向超市直接供应达到质量标准要求的农产品。超市凭借自身在市场信息、资金、技术、管理等方面的优势为农民专业合作社在资金、信息、物流、技术和管理等方面提供全面服务。通过引进"农户+合作社+超市"模式，家乐福获得了价格低质量高的农产品，农民专业合作社也获得了优惠的价格和稳定的销售渠道。

由于"农户+合作社+超市"模式省去了其他中间环节，节约了流通成本，农民可以以更高的价格销售农产品，超市也能以更低的价格采购农产品。如果农民专业合作社的实力越强、规模越大，就越有可能在包装、加工、仓储、运输等方面节约更多的成本。同时，为了获得稳定的农产品供应和更有竞争力的价格，家乐福也希望与规模大、实力强的农民专业合作社合作。因此，家乐福也愿意逐步培育和扶持农民专业合作社不断发展壮大，这促进了我国农产品生产流通标准化的加速发展，同时也加快了我国农民专业合作社品牌化经营的步伐，对农民专业合作社的可持续发展有重要的意义。

3）案例三：北京"绿谷农合农产品直销店"

（1）案例背景

2010 年，北京市平谷区的"农产品直销店项目"建设开始启动，以平谷区政府为首的各级相关部门共同努力，经过严格筛选最终确定了区内 20 家农民专业合作社在北京城八区建立直销店，常年销售平谷区果蔬、水产、畜禽、粮食等名特优农副产品。这些合作社必须组织机构代码证、税务登记证、法人身份证复印件、工商营业执照四证齐全，要具备一定的经济实力、有自己的安全生产基地、有自己的品牌包装以及要有质量认证，合作社还要提供建店详细地址、租房合约等证明材料。2010 年 8 月，平谷区选定的这 20 家农民专业合作社建立了 40 家农产品直销店，开始正式运营。截至 2010 年年底，40 家直销店销售平谷区农产品 400.93 万斤，销售额达 1 217.98 万元（杜永明，刘子旺，2011）。

平谷区农合中心的市场营销服务部负责对直销店的日常经营、食品安全等各项工作进行监督管理，这些直销店必须接受统一的规范管理，主要包括以下几方面：直销店要在店铺外面安装印有"绿谷农合"标志的彩色广告牌；店内显著位置摆放由平谷区政府统一设计制作的"平谷区优质农产品直销店"牌匾；直销店要在明显位置悬挂或摆放食品安全质量监督举报电话号码；各直销店要建立销售信息网络平台，与农合中心的网络信息平台对接，每周五向农合中心市场营销服务部上报农产品销售信息，实现农产品销售信息资源共享。

平谷区政府为农民专业合作社建立农产品直销店出台了专项扶持政策，2010 年共投入扶持资金 226 万元，优先重点扶持和发展下列项目：一是国家级、市级的示范合作社准备建农产品直销店；二是平谷区下辖各乡镇重点推荐准备建设农产品直销店；三是已在 2009 年建立鲜桃专卖直销店并准备 2010 年再建优质农产品直销店。平谷区政府还针对直销店的不同经营规模给予专项补贴，对经营面积在 12 平方米以上的直销店补贴 3 万元，经营面积大于 30 平方米的补贴 5 万元，单个合作社建设 3 个以上直销店的，另外奖励 1 万元。此外，平谷区政府还为直销店统一制作了铜匾、广告牌等，共投入资金约 10 万元。

平谷区政府统一开展品牌宣传，开拓首都市场。2010 年，通过"平谷大集进京城"活动，平谷区政府针对 40 家"绿谷农合农产品直销店"，在报纸、网络、电视台等多种媒体平台上进行了重点宣传，同时印制了大量宣传资料，对直销店的具体地址、联系电话、经营品种等进行了详细介绍，重点打造"绿谷农合"品牌。此外，直销店通过统一的经营品种、牌匾、咨询监督电话等在北京市民心中留下了深刻印象，也树立了质优、价廉、诚信的声誉。

（2）案例分析

北京平谷区"绿谷农合农产品直销店"的实践表明，"农户+合作社+直销店"的农产品流通模式是以农民专业合作社为主体建设农产品直销店，搭建农产品直销平台，减少了农产品流通环节，做到了农户和消费者的有效对接，农民专业合作社获得了稳定的销售渠道，消费者也能购买到物美价廉、安全可靠的农产品，从而能够促进农民增收，同时提高消费者福利。

北京平谷区"绿谷农合农产品直销店"的成功经验包括以下几个方面：一是政府强化前期准备工作，经过乡镇重点推荐、逐个调研、层层筛选，最终20家农民专业合作社在城区建设了直销店；二是严格监管，由专门机构负责对直销店的日常经营工作进行监督管理，发现问题及时解决；三是资金支持，政府部门提供专项资金支持农民专业合作社建立农产品直销店；四是大力宣传、树立品牌，通过主题活动、媒体平台、宣传资料、统一标识等多种手段打造了"绿谷农合"品牌；五是合作社自身实力较强，合作社手续齐全，具备一定的经济实力、有安全的生产基地、有品牌包装和质量认证。合作社是建设直销店的主体，只有合作社规模大了、实力强了，才能保证农产品直销店的正常经营，才能让农户和消费者实现共赢。

4）案例四：北菜园蔬菜专业合作社

（1）案例背景[①]

北菜园农产品产销专业合作社于2011年正式完成工商注册，这是一家农民专业合作社联合社，由包括北菜园在内的17家农民专业合作社组成。联合社建立的主要目的就是改变蔬菜销售品种单一的现状，并形成规模效应。北菜园合作社的前身是北京延庆小丰营蔬菜产销协会，

---

① 本节资料主要来源于北菜园网站：http://www.veggiegarden.cn。

现有 298 户正式社员，注册资金达到 385 万元，有 300 多亩有机蔬菜种植基地。该合作社通过建立"北菜园"网站开展农产品电子商务，消费者可以直接登录"北菜园"网站，在网上提交订单、付款，合作社将农产品配送到消费者手中。

北菜园主要种植有机蔬菜，由于生产成本高、产量低，最开始一直面临销售困难，有时甚至按照普通蔬菜的价格卖给批发商，农户不但赚不到钱，有时还会亏钱。自从建立北菜园网站，通过"农户+合作社+电子商务"模式销售农产品后，北菜园的销售收入不断增长。北菜园农产品电子商务的主要流程如下：消费者登录北菜园网站后，选择要购买的蔬菜，然后提交订单并网上付款，网站后台系统收集到订单信息后，合作社按照订单信息组织货源，并在包装上粘贴系统自动生成的条形码，根据消费者所提供的地址，送货上门。

为了保证蔬菜新鲜并及时满足顾客需求，北菜园不断提升物流配送速度，从消费者提交订单到收到农产品一般在 5 小时内完成。北菜园合作社专门配备了冷藏运输车，并且还在北京的一些小区配备了智能保鲜柜，如果消费者不在家或者收货不方便，就可以把蔬菜暂存到智能柜里，然后以手机短信的方式通知消费者智能柜密码，消费者在方便的时候就可以从智能柜中取出自己订购的农产品。

为了改变蔬菜销售品种单一的现状，包括北菜园在内的 17 家农民专业合作社组成了联合社。联合社主要经营有机农产品，涵盖蔬菜、水果、杂粮、花卉、禽类、蛋奶等 10 余类上百个品种。为了保证合作社和社员的利益，联合社制定了分配原则，各会员社以成本价把产品卖给联合社，由联合社下属的营销公司统一销售。销售所得扣除销售成本后，提取 25% 作为合作社的公益金使用。剩下的利润，60% 返还给各分社，40% 作为联合社的收入，到年底再根据合作社的盈利情况，给社员分红。

为了保证农产品的质量安全，北菜园合作社自建有机蔬菜生产基地 300 多万亩，生产的农产品都经过了无公害认证或者绿色认证。为了提高农产品质量，北菜园合作社在所有大棚里都安装了电子设备来控制温度和湿度，这样就降低了病虫害发生的概率，减少了农药的使用，促进了农产品有机化生产。合作社还在大棚里安装了视频监控系统和传感器，全程记录农产品生产过程，监管者可以查，消费者也可以在线观看。联合社对会员社实行"六统一"管理，即在农资供应、育苗育种、生产规划、病虫防疫、有机认证、品牌销售六个方面实行统一管理。农产品在销售时统一使用"绿菜园"商标，但会注明每一件农产品来自哪个会员社，并规定如果产品三次检查不合格，合作社自动退出联合社，这使农产品质量有了保障。

北菜园这种"农户+合作社+电子商务"的模式受到了广大消费者的认可，目前已经覆盖北京五环以内的绝大部分地区，并且范围还在不断扩大。

（2）案例分析

北菜园"农户+合作社+电子商务"模式成功的原因主要包括以下几方面：第一，农产品质量安全。如前文所述，通过对农产品生产、流通的严格监控，北菜园合作社保证了农产品的质量安全。第二，价格实惠。北菜园合作社网上销售的有机农产品在价格上虽然要比普通农产品贵，但是由于省去了中间环节，却比超市卖的有机农产品便宜20%～30%，对追求高品质农产品的消费者而言，享受到了实惠的价格。第三，物流配送体系完善。北菜园合作社通过物流配送信息化管理，在5个小时之内完成农产品采摘、包装、配送等服务，降低了物流损耗，提升了流通效率。同时，智能保鲜柜也为消费者提供了便利。第四，增加了农民收入。通过农民专业合作社来开展农产品电子商务，可以解决农产品销售困难、价格偏低的问题，同时合理的利益分配机制也能够保障农户的利益，因此有助于增加农民收入，提高农民生产的积极性。

6.3.3　比较分析及讨论

结合上一节的四个案例，本节从渠道长度、物流配送、农产品质量、农产品价格和农户收入五个方面对"农户+合作社+龙头企业"模式、"农户+合作社+超市"模式、"农户+合作社+直销店"模式、"农户+合作社+电子商务"模式进行比较分析，见表6-1。

表 6-1   合作社介入的农产品流通模式比较分析

	案例一	案例二	案例三	案例四
农产品流通模式	农户+合作社+龙头企业	农户+合作社+超市	农户+合作社+直销店	农户+合作社+电子商务
渠道长度	较长	较短	较短	最短
物流配送	龙头企业负责统一物流	应用ID卡控制物流成本	节约物流成本	物流配送信息化管理、5小时内送达、智能保鲜柜
农产品质量	合同规定、全程监管	农产品ID卡、农产品生产流通标准化	安全的生产基地、品牌、质量认证、政府监管	有机农产品、视频监控、"六统一"管理
农产品价格	订单价格	有竞争力	相对便宜	比超市便宜20%~30%
农户收入	合同工资、土地租金、享受盈利分配	拓宽销售渠道、增加收入	政府奖励	盈利分红机制
优势	中粮公司提供资金、信息、技术	协调员、培训班、组织各种大型促销活动	平谷区政府专项扶持政策	17家合作社组成联合社，规模效应

　　首先，从农民专业合作社的作用来看，在四个案例中，农民专业合作社都发挥着核心作用。在案例一和案例二中，农民专业合作社是社员农户的代表，在农户与龙头企业（中粮）和超市（家乐福）之间架起了一座沟通的桥梁，通过签订合约，稳定双方的交易关系。此外，同分散的单个农户相比，农民专业合作社作为一个组织，其实力大大增强，能够平衡与龙头企业之间的权利结构，在谈判、签约和履约过程中能够代表农户的利益，能为农户争取更多的权益，增加农户收入。

　　其次，从流通效率来看，合作社的介入虽然使农产品流通渠道增加了一个环节，但是却降低了农产品的流通成本，带来了流通效率的提升。合作社通过对农产品的采摘、包装、存储、运输、配送等统一管理，降低了物流损耗，提升了流通效率。在案例二中，农产品的运输成本已经包含在合作社的报价中，在农产品 ID 卡中，家乐福承担 3% 的自然损耗，这就促使合作社降低损耗、提升物流效率。在案例三和案例四中，合作社通过直销店和电子商务的形式直接面对消费者，北菜园合作社通过物流配送信息化管理，在 5 个小时之内将新鲜农产品送到消费者手中。

再次，从农产品质量和价格来看，合作社介入农产品流通保证了农产品质量安全，并稳定乃至降低了农产品价格。农民专业合作社通过提供统一的资金、信息、物流、技术和管理等多方面服务，并对农户生产进行监督管理，保证了农产品的质量安全和标准化。在案例一和案例二中，由于是订单交易，龙头企业和超市能降低农产品的收购价格，同时保证了农产品质量安全，而农户能够获得稳定收益。在案例三和案例四中，通过直销店和电子商务实现了农产品从田间地头到消费者餐桌的直达，节省了流通费用。北菜园合作社的有机农产品比超市卖的有机农产品便宜 20%～30%，对追求高品质农产品的消费者而言，享受到了实惠的价格。由于省去了中间环节，消费者获得了物美价廉的农产品，使农民"卖菜难"和居民"买菜贵"的问题得到了较好解决。

最后，从政府作用的角度来看，政府主要起到了扶持引导、协调和监督管理的作用。自 2007 年《农民专业合作社法》颁布实施以来，农业部、财政部等中央部委和各级地方政府出台了很多扶持、规范合作社发展的政策法规，主要包括财政扶持、税收优惠、金融支持、用地用电优惠、人才支持和服务等多个方面。在案例三中，平谷区政府为农民专业合作社建立农产品直销店出台了专项扶持政策，提供资金补贴、品牌宣传等支持，并设立专门机构负责对直销店的日常经营工作进行监督管理。

6.4 农民专业合作社的流通服务功能分析

如前文所述，单个农户势单力薄，在市场交易中缺乏平等的谈判地位，市场适应能力和议价能力弱，难担当起将"小生产"与"大市场"有效对接的重任。农民专业合作社作为一种以农民经营为基础，以市场需求为导向，以增强农产品市场竞争力为核心，以提高农业组织化程度、产业化经营水平和农民经济收入为目标的新型互助性经济组织，其参与的个体农户为主要服务对象。农民专业合作社的流通服务功能主要体现在以下几个方面：农资采购服务、营销服务、物流服务、信息服务、流通金融服务等。下文将结合调研数据展开深入分析。

6.4.1 数据来源

本部分以农民专业合作社的流通服务功能为研究对象，因此调查对象主要是参加农民专业合作社内的农民社员。研究样本来自于 2012 年和 2014 年对农民合作社社员的问卷调查，本研究的正式调查分为两个阶段，第一次调查发放调查问卷 300 份，得到有效问卷 268 份，有效问卷的回收率 89.33%。第二次调查发放调查问卷 196 份，得到有效问卷 176 份，有效问卷的回收率 89.79%。将两次的调研问卷进行整理，共有 496 份调查问卷，其中有效问卷共 444 份，有效问卷的回收率 89.52%。调查农户文化程度大部分为初中文化，小学及以下 17.74%，高中 29.71%，大专及以上 14.19%。社中身份以一般成员为主，骨干成员 28.16%，领导人员 11.09%。社员大部分缴纳股份，并且签订正式合同。合作社的领办人主要以农户为主，其他政府主办 32.15%，供销社 17.74%。大部分合作社成员的入社年数在 5 年及以下，占比达到 84.44%。本此调研所使用的测量题项是采用李克特的五分制量表法模式。

6.4.2 流通服务功能的描述性统计分析

为更好的了解农民专业合作社的流通服务功能，本部分将流通服务功能划分为农资采购服务功能、营销服务功能、物流服务功能、信息服务功能和流通金融服务功能五个方面。根据问卷数据，进行了描述性数据统计分析。

1) 农资采购服务功能

农资采购服务一般是指在农业生产过程中合作社向合作社内的劳动对象进行物质资料和物质条件的提供，如农业运输机械、生产及加工机械、农药、种子、化肥等。因为农民大多是个体经营，而农业又是一个前期投入较大的行业，除人力需投入之外，合作社应该为农民把控农作物的养护材料的价格与质量，为农户提供优惠价格的农资。所以合作社能否采取有效措施为农户提供农资，是农户考察合作社是否优秀的必要标准之一。

问卷数据中体现合作社农资采购服务功能的问项有两个，如表 6-2 的数据统计表格所示。社员对问项"合作社为社员提供种苗、饲料等生产资料"回答非常同意的频数为 96，占比为 21.62%。社员对问项"合作社能以优惠的价格提供农资"回答非常同意的频数为 105，占比为 23.65%。这说明合作社为社员农户提供农资采购服务的水平还需要进一步提升。

表 6-2　　　　　　　　　　　　**农资采购服务功能**

问项	非常同意	同意	基本同意	不同意	非常不同意
合作社为社员提供种苗、饲料等生产资料	96	186	133	26	3
合作社能以优惠的价格提供农资	105	178	133	25	3

2) 营销服务功能

营销服务是指企业发现或挖掘准消费者需求，从整体氛围的营造以及自身产品形态的营造去推广和销售产品，主要是深挖产品的内涵，切合消费者的需求，从而让消费者深刻了解该产品进而购买该产品的过程。在合作社内由于大多由农民构成社员的主要组成部分，因此社员大多存在营销意识不强的短板，品牌化的建立、产品质量的追溯保证都包含在营销服务功能之中，合作社必须加强自身的营销功能，改变社员不擅营销的思想。

　　问卷数据中体现合作社营销服务功能的问项有五个，如表 6-3 的数据统计表格所示。合作社内的营销功能按照调查问卷整理分析如下，社员对于合作社内可以按照农产品质量不同支付不同价格普遍表示满意，可以促进社员生产高质量农产品，提高生产，这便是合作社营销功能的展现。在数据分析中可以计算出合作社销售社员的农产品，对农产品进行质量认证，按照农产品等级支付不同价格的社员非常同意度都比较高，分别为 27.70%、25.68%、26.35%，数据表明合作社提供营销服务能力最强，但是合作社品牌化经营的社员非常同意度为 24.77%，在农产品质量安全追溯方面的非常同意度为 20.72%，说明品牌能力和质量追溯能力较差，需要进一步加强。

表 6-3　　　　　　　　　　　营销服务功能

项目	非常同意	同意	基本同意	不同意	非常不同意
合作社收购、销售社员的农产品	123	165	124	27	5
合作社注册了商标，实施品牌化经营	110	169	130	28	7
合作社有农产品质量安全追溯制度	92	181	140	23	8
合作社通过质量认证，如无公害农产品或绿色食品、有机食品等	114	151	140	32	7
合作社按照农产品的质量等级支付不同的价格	117	167	124	29	7

3）物流服务功能

物流服务是指为了满足客户的需要，以最低的成本，通过运输、保管、配送等方式，实现原材料、半成品、成品及相关信息由商品的产地到商品的消费地所进行的计划、实施和管理的全过程。在最近几年内，物流行业发展迅速，农产品运输也是物流行业发展的一个方面，主张组织成有特定形式的农产品物流，它以农业产物为对象，通过农产品后期的加工、包装、储存、运输和配送等物流环节，做到农产品价值的增加至更大化，帮助农民获得更多的利益，送到最终消费者手中的活动。农产品物流发展的目标首先在于减少农产品的不必要浪费，因为个体农户生产力薄弱，对于农产品的后期保管仓储不能做到专业化，造成农产品不必要的浪费，其次农产品物流的发展也可以增加农产品的流通效率，减少流通费用，在当前小生产与大市场的矛盾下，农产品市场价格偏高，农民销售时却价格偏低，大多是因为流通费用的高昂，在合作社内社员的生产联合，给合作社农产品物流系统的产生，减少流通成本提供机会。最后农产品物流的要求一般比普通物流要高，需要在物流过程中做到无污染、无变质，保证农作物的安全与新鲜。在表 6-4 中可以看到社员对于合作社提供加工、仓储、运输等服务的非常同意度频数为108，占比 24.32%，同意度频数为 169，占比 38.06%，非常同意度低于同意度，因此合作社的物流服务功能需要进一步加强。

表 6-4　　　　　　　　　　物流服务功能

项目	非常同意	同意	基本同意	不同意	非常不同意
合作社提供加工、仓储、运输等服务	108	169	134	25	8

4）信息服务功能

信息服务能力作为流通服务功能中的重要组成因素，在合作社内也起着重要的作用。市场的调查与预测是改变农民小生产方式与信息闭塞的重要方式，同时社内与社员之间的及时沟通交流，及时发现问题，解决问题，也是保证合作社顺利进行的有力保证。农业生产的前期优质品种及生产信息的提供，市场行情信息的提供都会对社内成员的生产进行产生较大的影响。

在调查问卷的整理中，如表 6-5 所示，合作社为社员提供优质品种的及生产信息的非常同意度为 27.03%，为社员提供市场价格或销售信息的非常同意度为 20.95%，这两项的非常满意度相对于其他流通服务功能来说较低，因此合作社的流通信息服务功能较低，需要进一步完善。

表 6-5   信息服务功能

项目	非常同意	同意	基本同意	不同意	非常不同意
合作社为我提供优质品种及生产信息	120	183	118	21	2
合作社为我提供市场价格或销售信息	93	206	124	18	3

5）流通金融服务功能

金融服务是指整个金融业发挥其多种功能以促进经济与社会的发展。具体来说，金融服务是指金融机构通过开展业务活动为客户提供包括融资投资、金融信息咨询等多方面的服务。增强金融服务意识，提高金融服务水平，对于加快推进我国的现代金融制度建设，增强金融业竞争力，更好地促进经济和社会发展，具有十分重要的意义。农民专业合作社多以个体农户为主，因为农民经济能力有限，不能保证合作社各种活动的顺利进行，在此合作社应该发挥自身联合作用，为个体农户提供银行担保服务，或者允许社员在生产前期赊账购买所需物品，在农产品销售之后再进行偿还，此外合作社还可以适当改变加入条件，允许有经济能力的组织加入，增强社内的金融流通力，实现合作社与组织之间的双赢。但是合作社应该确保即使有其他组织的加入，也不能改变合作社的本质，其他组织的加入只是保证合作社可以顺利进行的条件。

在表 6-6 中可以看出在本次调查问卷的合作社中，合作社对于社员提供借贷服务的非常同意度为 **23.20%**，合作社为社员提供担保服务的非常同意度为 **27.25%**，社员买农资时，可以先赊账的非常同意度为 **25.45%**。合作社会提供给社员有效的担保服务，保证社员农业资金的稳定提供，保证社员前期种植培养的进程顺利进行。但是在借贷服务的提供方面和允许社员赊账的制度方面可以继续调整完善。

表 6-6 　　　　　　　　　　　**流通金融服务功能**

项目	非常同意	同意	基本同意	不同意	非常不同意
合作社为社员提供借贷服务	103	173	140	19	9
如果社员从金融机构贷款，合作社能提供担保服务	121	169	128	22	4
社员买农资时，可以先赊账	113	170	134	22	5

6.4.3　提升农民专业合作社流通服务功能的对策

1）提高农资采购服务水平

在表 6-2 中有 23.65% 的社员对于合作社能以优惠价格提供农资表示非常同意，有 40.09% 的社员表示同意，有 29.95% 的社员表示基本同意，合作社作为帮助个体农户解决生产困难，改变弱势地位的组织，在以优惠价格提供农资方面应该进一步加强。在解决合作社农资提供的问题上要发挥合作社的自身组织联合的作用，与农资供应商展开合作，包括种苗的提供，化肥的优惠，各种机械设备的租赁与引进，利用自身采购量大的特点，吸引农资供应商与合作社展开合作。同时合作社还要加强社务管理、财务管理和成员生产管理，为农户提供实用、有效的农资，推动合作社产品产销衔接。

2）完善合作社营销服务功能

一是打造合作社品牌。据前文分析可知，个体农户处于弱势地位的原因之一就是个体农户的生产力较小，无法达到设立自身品牌的能力，而品牌化效应在当今市场中又处于比较领先的位置。在表 6-3 中，仅有 24.77% 的社员对于合作社的品牌化经营表示非常同意，有 38.06% 的社员表示同意，表明合作社对于社内产品的品牌建立没有足够的重视。作为合作社内的领导层以及社员，要充分掌握市场走向，在品牌化效应盛行的时代，合作社应该加强自身产品的品牌建设，申请合作社的自有品牌，进行社内农产品品牌的宣传推广，保证社内农产品的质量，完成合作社品牌的建立与稳定，以达到促进合作社产品销售的功能。

二是健全农产品质量安全追溯制度。在表 6-3 中，社员对于合作社农产品质量安全追溯制度的非常同意度为 20.72%，对于农产品的质量安全一直是消费者和市场销售者关注的重要问题，所以作为农产品的生产者，个体农户一定要注意自身农产品的质量安全，而作为个体农户的联合体合作社更要保证合作社的农产品质量安全，对于合作社的农产品产出也要有农产品质量追溯的根据和制度。由于合作社社员众多，农产品的产出不容易确认，合作社可以根据社员的种植农作物，社员的关系将社员分为固定的小组，并设立组长进行各组社员和农作物的明确管理，组内的农产品也要负责到各人，做到确保专人负责。对于农产品的销售渠道，销售路径甚至最终消费者，合作社也要有一定的掌握与了解，确保自身产出农产品的质量安全。

3）加强合作社物流服务功能

在本次的调查也包括了对于合作社物流的调查，合作社是否提供加工、仓储、运输等服务，调查结果显示社员对于其物流提供的非常同意度为 24.32%，同意度为 38.06%，合作社的物流系统仍需要进一步完善提高。从物流管理角度来看，物流的组织与运行都不是一件简单的事情，物流的基本组织需要仓库的建立，车辆的购置，物流人员的配备等，这些对于个体农户来说是基本不能实现的东西。但是对于合作社来说，如果将物流功能发展完善，做到保证农产品的仓储、运输、包装、搬运等就能大幅度提高社内的流通服务功能。因此，合作社应作为一个整体企业，选择合适的物流企业，保证农产品的运输、包装、装卸以及其他的物流活动，这将成为合作社的特色，帮助合作社联系到更好的、更远的市场，扩大自己合作社的销售范围，确保合作社的顺利进行，提高农民收益。合作社也可以与农产品运输的承运商展开合作，按照不同的农作物品种，不同的运输路线分别合作，保障合作社内物流的稳定提供，减少合作社内农产品的滞留与浪费。

4）提高信息服务能力

在合作社内要对社员进行信息服务能力的培训工作，加强合作社信息化系统的目标是为了提高社员信息服务意识，学会利用报纸、电视及多媒体获得更多的农业相关信息，帮助合作社及社员选择合适的农产品进行生产、销售，提高合作社的核心竞争力和社员的收入。所以在合作社内要培训一些善于利用计算机技术、会收集宣传信息的合作社专门信息管理者，增强合作社的信息流通量和流通效率。在合作社内还要定期组织社员联合活动，联系社员感情，社员共同讨论，大家共同交流，获取不同信息，增强社内的信息流通效率。

5）增强流通金融服务能力

近年来，合作社在农业行业及农村都发展的很快，在农业生产经营和乡村振兴过程中发挥着越来越重要的作用，它一方面改变农民在市场中的弱势地位，获得更多利益，另一方面联合农民进行组织生产，促进了农业生产的规模化，促进农业的进步发展。在调查问卷中，社员对于合作社为社员提供借贷服务的非常同意度仅为 23.20%，所以合作社要充分利用农村金融优惠政策，提高合作社的诚信力度，提高合作社的流通金融服务能力。此外，合作社允许社员在购买农资时可以先赊账的非常同意度为 25.45%，农民专业合作社多以农民为主，农民经济能力有限，不能保证合作社各种活动的顺利进行，因此合作社应该适当改变加入条件，允许有经济能力的组织加入，接受其组织的投资与帮助，实现合作社与组织之间的双赢。农资是农业生产经营的基本物质条件，在农户生产投入成本中占比较高，特别是一些贫困农户没有充足的资金用于购买农资，为此，合作社可以为社员提供资金融通服务，例如在社员本合作社购买农资时，合作社可以为社员提供赊购待遇；在社员从金融机构贷款时，合作社可以为社员提供担保服务。

6.5 小结

　　最后，本章基于农户感知的视角，以调查问卷的形式调查分析了农民专业合作社流通服务功能发挥，结果表明，农资采购的提供、合作社营销服务能力、合作社的物流服务能力、信息服务能力、流通金融服务能力等都从某些方面显著影响农民专业合作社流通服务功能的实现程度。随着现代化农业的不断发展，农民专业合作社会逐渐变得更加成熟，但在流通服务功能方面仍存在不足之处。因此，农民专业合作社的流通服务功能需要进行提高完善，以促进农民专业合作社的顺利发展，使其不断适应社会经济发展，满足农民与市场的需求。

7 研究结论、政策建议及研究局限

7.1 研究结论

本书从农户的视角出发，在分析我国现有农产品流通模式的发展现状的基础上，对农产品流通模式展开了理论研究，实证分析了农户选择农产品流通模式的影响因素，比较分析了发达国家的农产品流通模式，并结合博弈模型和具体案例对农民专业合作社介入的农产品流通模式进行了深入分析，最后提出了政策建议。本书在研究过程中，综合应用了流通经济理论、交易费用理论、营销渠道理论和合作经济理论等多种理论对不同问题展开了深入分析，在某种程度上进一步深化了农产品流通模式的理论研究与现实问题解析。本书的主要结论包括以下几个方面：

（1）本书从连接农户的视角出发来分析农产品流通模式。农户是农产品的生产者，同时也是农产品流通过程中最基本的组织成员，是农产品流通过程的起点。而现阶段，为数众多、分散且小规模经营的农民在参与农产品流通过程中的角色与地位导致了农产品流通过程中"小农户"与"大市场"不能有效对接的问题。因此，从连接农户的视角出发是我们解析现有农产品流通模式的基本出发点。我国现有农产品流通模式多种多样，不同流通主体间的交易模式也千差万别，本书在第3章中着重分析了"农户+市场"模式、"农户+经纪人"模式、"农户+批发商"模式、"农户+龙头企业"模式以及"农超对接"模式五种典型的农产品流通模式的特征以及存在的问题和缺陷。尽管农民专业合作社和龙头企业等新型流通主体发展迅速，但是在第5章中针对农户问卷调查的数据表明，"农户+批发商"的农产品流通模式仍是主流。

（2）本书应用交易费用理论，提出了农产品流通模式的理论分析框架，将农产品流通模式划分为市场化模式、企业化（一体化）模式和契约型模式三种类型。农产品流通的市场化模式，是指通过价格机制来协调各流通主体之间的交易关系，从而促成农产品由生产领域向消费领域的流通。农产品流通的企业化（一体化）模式，是指将农产品流通过程内部化、一体化，通过权威命令机制来协调农产品的流通过程。而农产品流通的契约型模式是介于市场化模式和企业化模式之间的一种中间形态的流通模式，各流通主体间的交易关系既不是纯粹的市场交换关系，也不是企业科层关系，而是一种通过契约进行联结的合作交易关系。本书比较分析了这三种不同的农产品流通模式的特点和适用条件。在第6章中结合一个数理模型分析了不同农产品流通模式下的经济均衡结果，分析结论表明，与市场化流通模式相比，在契约型流通模式下，农户和农产品中间商能够获得更高的联合利润总额，这意味着农业生产效率得到了提高。同"农户＋农产品中间商"模式相比，"农户＋合作社＋农产品中间商"模式是一种更有效率的农产品流通模式。这是由于农民专业合作社一方面降低了农户的生产成本，另一方面也节约了农产品中间商的交易费用，大大提高了交易效率与生产效率，从而增加了联合利润。此外，在"农户＋合作社＋农产品中间商"模式下，农民的讨价还价能力得到了增强，从而农民收入也得到了提高。

（3）本书实证检验了农户选择不同农产品流通模式的影响因素。本书从农户个人特征、家庭特征和农产品属性等多个层面对农户选择不同农产品流通模式的影响因素进行了研究。结合针对农户的调查问卷数据，通过应用 Multinomial Logistic 回归模型和 Binary Logistic 回归模型进行分析，发现农户学历、身份、家庭人口数、农产品类型、农户与农产品收购商的交易关系长度等变量对农户选择农产品流通模式具有显著影响。相对于"农户+批发商"的农产品流通模式，从事养殖业的农户和高学历农户更倾向于选择"农户+企业"的农产品流通模式。相对于普通农户，具有村干部等特殊身份的农户更倾向于选择"农户+企业"和"农户+合作社"的农产品流通模式。相对于市场化模式，从事养殖业的农户、家庭人口数量多的农户以及与中间商交易关系持续时间长的农户更愿意选择契约型模式。

（4）本书特别分析了农民专业合作社介入的农产品流通模式。发展农民专业合作社介入的农产品流通模式，是指在现有农产品流通模式的基础上，积极培育和发展农民专业合作社，增强农民专业合作社在农产品流通中的地位和作用，鼓励农民专业合作社参与农产品流通的不同模式，形成各种流通模式相互竞争、优势互补的流通格局，促进农产品流通效率的提高。基于农民专业合作社的农产品流通模式的最大特点或者优势在于：一方面，可以增强农户的讨价还价能力，解决农户渠道权利弱小的问题，有助于维护农民的利益；另一方面，能够提高农户参与农产品流通的主动性，为农户分享流通增值创造条件。在世界范围内，农民合作社发展历史悠久，很多国家的农产品从生产到流通，都有合作社的参与和组织，农民合作社在许多国家取得了长期的成功。本书重点讨论了日本、美国、德国等发达国家的农产品流通模式，分析表明，这些国家的合作组织都在不同程度上为广大农户提供了与农业产前、产中、产后相联系配套的采购、仓储、运输、销售、技术和信息等多方面服务，为农产品的流通创造了良好条件。本书还结合案例重点分析了"农户+合作社+龙头企业""农户+合作社+直销店""农户+合作社+超市""农户+合作社+电子商务"四种典型的农民专业合作社介入的农产品流通模式。这些流通模式各具特点，它们不是非此即彼的关系，而是相互补充、相互促进的关系，都能够在促进农产品流通、保障农产品供给、提高农民收入以及提升农产品质量等方面发挥一定的作用，值得大力提倡和推广。

7.2 政策建议

当前，我国现有农产品流通模式多种多样，不同流通主体间的交易模式也千差万别，尽管"农超对接""农户+农民专业合作社+龙头企业"等多种新型流通模式发展迅速，但是当前我国的农产品流通模式仍是以"多层中间商分销"为主的传统模式。这种类型的农产品流通模式是指通过多层中间商把农产品推向市场，完成农产品在流通渠道中所有权的转移。传统模式之所以广泛存在并发展有其合理的一面，这种流通模式发挥着连接生产和消费的桥梁的作用，众多的市场参与者也意味着提供了较多的就业机会。然而，传统农产品流通模式的弊端也是显而易见的，流通费用过高，流通效率低下。因此，如何推进农产品流通模式现代化，降低农产品流通成本，提升农产品流通效率，增加农户收入，成为学术界和实践界共同关注的问题。围绕这些问题，本书结合前面章节的讨论，提出以下一些观点和政策建议。

7.2.1 尊重农户的选择，政府不要过度干预

由于我国地大物博，各地农业发展水平不同，农产品流通模式的发展程度也不同，因此农产品流通模式现代化在各地的路径和方式也不尽相同。本书的分析结论也表明，各种不同的农产品流通模式都有其优势和缺陷，这些不同的农产品流通模式相互补充，为农户提供了多种可选择的途径。因此，应该为农户选择农产品流通模式提供尽可能多的机会，让农户在自身和本地资源禀赋的约束条件下能够自主选择最适合自己的农产品流通模式。农产品流通现代化是一个漫长的过程，政府不应该急功近利，不应该搞一刀切，更不应该过度干预农户的选择。有些地方政府出于经济发展和提升政绩的目的，违背市场规律，强行推动农业产业化或订单农业，号召农民扩大某种农产品的生产规模，结果导致农产品产量过剩，卖不出去，严重损害了农户的利益。这种现象屡屡发生，前车之鉴，要引以为戒。从长期看，各级政府应该加大对农村的教育投入，提高农户的个人综合素质，通过宣传各种新兴农产品流通模式

的优势，对农户的农产品生产和流通进行积极引导。

7.2.2 规范农民专业合作社健康发展，优化农产品流通模式

国内外的实践经验和理论分析都表明，农民专业合作社在农产品流通过程中发挥着重要的作用，因此要大力扶植、培育农民专业合作社，规范农民专业合作社健康发展。在现有农产品流通模式的基础上，要积极培育和发展农民专业合作社，增强农民专业合作社在农产品流通中的地位和作用，鼓励农民专业合作社参与农产品流通的不同模式，形成各种流通模式相互竞争、优势互补的流通格局，促进农产品流通效率的提高。要进一步增强农民专业合作社的服务功能，为农户在农资购买、信息传递、技术指导、资金支持、物流运输、仓储加工、农产品营销等方面提供全方位服务。要加强对农民专业合作社领导人及其骨干的专业技能教育和培训，吸引高学历、懂技术、善经营、会管理的高层次人才加入到合作社当中。按照《农民专业合作社法》来规范合作社的经营管理，从规章制度、组织机构、明晰股权、财务监督、产品质量安全检测等方面加以规范，同时健全合作社的激励机制和监督机制。鼓励农民专业合作社做大做强，使合作社真正成为农户利益的代言人。

7.2.3 建立政策支撑体系，强化政策措施的支持力度

农产品流通涉及农业部、商务部以及供销合作社，乃至财政、税务、工商等诸多政府部门，许多问题都需要各部门通力合作共同解决，因此，各部门应该相互协调好各方关系，制定和完善相关的规章制度，制定并监督落实相关鼓励政策，建立政策支撑体系，从而保证相关工作的顺利推进。设立项目扶持专项资金，重点支持超市、龙头企业、农民专业合作社的农产品流通项目，选择具有较大规模、市场成熟、实力雄厚的超市、龙头企业等市场流通主体和农民专业合作社进行强强对接，并给予政策扶持，使其产生带头示范效应。鼓励超市、龙头企业等市场参与主体与农民专业合作社建立长期稳定的合作关系，促进合作社对农产品的订单生产；通过签订明确供货量和供货品种的中长期合作协议，形成稳定的基于龙头企业和农民专业合作社的农产品流通模式。通过重

点选择产业优势强的农产品进行对接，促进农产品知名品牌的培育。充分发挥财政、金融等部门的作用，通过有针对性的财政补贴、税收减免、信贷支持、奖励等政策措施，充分调动超市、龙头企业、农民专业合作社等流通主体的积极性。

7.2.4　完善基础设施，构筑良好的外部环境

长期以来，我国社会的二元结构导致了农村和城市经济发展的不平衡，而农村薄弱的基础设施则是限制农产品流通和农村经济发展的主要原因。因此，政府必须加强农产品流通基础设施建设，尤其是农村地区的交通运输、信息通信和金融服务等方面的建设，为农产品的跨区域销售搭建快捷高效的流通平台。政府部门应该推动农村水电交通等基础设施建设，为农产品流通提供一个更好的物质基础。鼓励兴建农产品批发市场、物流配送中心、加工工厂、冷藏仓库等基础设施，加快鲜活农产品冷链物流建设，完善农产品物流配送体系，加强农产品流通供应链管理，降低农产品采购、加工、包装、仓储、运输等方面的物流成本。充分利用报纸、广播、电视、互联网等媒体中介建立、开发、整合农产品信息平台，构建服务于农产品流通的综合信息系统。政府还应该进一步完善法律制度环境，加强对农产品质量安全的监督管理，维护农产品流通市场的公平交易秩序。

7.3　研究局限

由于本人学识和精力的限制，还有一些有价值的研究内容在本书中并未做深入探讨，可以成为后续进一步研究的方向。

第一，本书从农户的视角出发，对农产品流通模式进行了深入分析，这可以说是本书的一个特点，但同时也是本书的局限所在。农产品流通实际上是从农户到消费者的全流通过程，而本书重点研究了农户选择的农产品流通模式，即农产品流通的前端，缺乏对农产品流通终端的研究，因此后续的研究中将会更加全面地分析农产品流通模式。

第二，本书对农产品流通模式的分析并不全面。在第 3 章中只是从

连接农户的视角出发，着重介绍"农户+市场"模式、"农户+经纪人"模式、"农户+批发商"模式、"农户+龙头企业"模式以及"农超对接"模式等五种模式。第6章则主要分析了基于农民专业合作社介入的四种农产品流通模式："农户+合作社+龙头企业"模式、"农户+合作社+超市"模式、"农户+合作社+直销店"模式、"农户+合作社+电子商务"模式。实际上，农产品流通存在多种不同模式，不同流通主体之间的交易关系也千差万别，因此，后续研究中可以进一步展开对其他农产品流通模式以及不同交易关系的研究。

第三，本书侧重理论分析，经验实证分析存在不足。本书虽然在第5章对农户选择农产品流通模式的影响因素进行了统计检验，但是受制于数据的有限性，对该问题的分析并不全面。比如，农户选择不同农产品流通模式的影响因素很多，本书只是从农户个人特征、家庭特征和农产品属性等层面进行了分析，而交易成本、农户与中间商的关系、农户对中间商的信任等其他因素并未被纳入实证分析中。再如，对农户生产种类只划分为种植类和养殖类两种，如果将种植类再细化为一般作物（粮食等）和生鲜类（蔬菜水果等），可能分析结论更有说服力，但由于生鲜类样本过少而作罢。因此，未来的研究可以考虑将更多变量纳入研究模型，考察这些变量对农户选择农产品流通模式的影响。

参考文献

[1] 泰勒尔.产业组织理论 [M]. 马捷，译.北京：中国人民大学出版社，1997.

[2] 穆素.讨价还价理论及其应用 [M]. 管毅平，郑丹秋，等.译.上海：上海财经大学出版社，2005.

[3] 科兰，安德森，斯特恩，等.营销渠道 [M]. 7版.蒋青云，王彦雯，顾浩东，等.译.北京：中国人民大学出版社，2008.

[4] 艾利思.农民经济学 [M]. 胡景北，译.上海：上海人民出版社，2006.

[5] 库尔斯，乌尔.农产品市场营销学 [M]. 9版.孔雁，译.北京：清华大学出版社，2006.

[6] 威廉姆森.资本主义经济制度 [M]. 段毅才，王伟，译.北京：商务印书馆，2002.

[7] SHEPHERD. Approaches to linking producers to markets，http：//www.fao.org/ag/ags/subjects/en/agmarket/linkages, 2007.

[8] GRIGORYAN. Linking Small-Scale Farmers to Local and Export Markets through Farmer Associations：Case of Milk, Fruit and Vegetable Producers of Armenia, 2007.

[9] AUBERT, CORNET. Is there a future for small farms in developed countries? Evidence from the French case [J]. Agricultural Economics,

2009, 40（s1）: 797-806.

[10] BIGNEBAT，KOC, LEMEILLEUR. Small producers, supermarkets, and the role of intermediaries in Turkey´s fresh fruit and vegetable market [J]. Agricultural Economics,2009,40（s 1）: 807-816.

[11] BIJMAN,HENDRIKSE. Cooperatives in chains: institutional restructuring in the Dutch fruit and vegetables industry [J]. Journal on Chains and Network Science, 2003, 3（2）: 95-107.

[12] BLANDON, et al. Marketing preferences of small-scale farmers in the context of new agrifood systems: a stated choice model [J]. Agribusiness（New York）, 2009, 25（2）: 251-267.

[13] BREYER. The Marketing Institution [M]. New York: Mc Graw-Hill, 1924.

[14] BIGNEBAT, et al. Linking small producers to supermarkets? The role of intermediaries on the fresh fruit and vegetable market in Turkey [J]. 111 EAAE-IAAE Seminar: "Small farms: decline or persistence?" .University of Kent, Canterbury, UK,2009.

[15] COASE, RONALD. The nature of the firm [J]. Economica, 1937（4）: 386-405.

[16] JANE. New Directions in Commodity Chain Analysis of Global Development Processes [J]. Research in Rural Sociology and Development, 2005(11):3-17.

[17] COOK. The role of management behavior in agricultural cooperatives [J]. Journal of Agricultural Cooperation, 1994（9）: 42-58.

[18] BAILEY,HUNNICUTT，The Role of Transaction Costs in Market Selection: Market Selection in Commercial Feeder Cattle Operations [R]. Paper Presented at the Annual Meeting of the American Agricultural Economics Association in Long Beach, CA,2002.

[19] ENKE. Consumer cooperatives and economic efficiency [J]. American Economic Review, 1945, 35（1）: 148-155.

[20] EMELIANOFF. Economic theory of cooperation: Economic cooperative organizations [M]. Michigan: Edwards Brothers, Inc.,1942.

[21] FRANK,HENDERSON.Transaction Costs as Determinants of Vertical Coordination in the U.S. Food Industries [J]. American Journal of Agricultural Economics,1992(11).

[22] GHEZAN, et al. Impact of Supermarkets and Fast-Food Chains on Horti-

culture Supply Chains in Argentina [J]. Development Policy Review, 2002，20 (4)：389-408.

[23] HENDRIKSE, VEERMAN. Marketing cooperatives and financial structure：a transaction costs economics analysis [J]. Agricultural Economics, 2001, 26 (3)：205-216.

[24] HOBBS. Measuring the Importance of Transaction Costs in Cattle Marketing [J]. American Journal of Agricultural Economics, 1997, 79 (4)：1083-1095.

[25] BINGEN, et al. Linking farmers to markets：different approaches to human capital development [J]. Food Policy，2003 (28)：405-419.

[26] HELLIN, et al. Farmer Organization, Collective Action and Market Access in Meso-America [J]. Food Policy, 2009, 34 (1)：16-22.

[27] KARFAKIS, HOWE. The economic and social weight of small scale agriculture. Evidence from the Rural Income Generating Activities survey data [J]. 111EAAE-IAAE Seminar: "Small Farms：decline or persistence?". University of Kent, Canterbury, UK. 2009.

[28] LOUW, et al. Dynamics of the restructuring fresh produce food markets in the southern African region [R]. International Association of Agricultural Economists Conference,2009.

[29] LU. A Two-stage Value Chain Model for Vegetable Marketing Chain Efficiency Evaluation：A Transaction Cost Approach [R]. Contributed Paper Prepared for presentation at IAAE Conference, 2006.

[30] MARTINEZ. Vertical Coordination in the Pork and Broiler Industries：Implications for Pork and Chicken Products [R]. Food and Rural Economics Division, Economic Research Service, U. S. Department of Agriculture, Agricultural Economic Report No. Ⅲ，1999.

[31] MARTINEZ. Vertical Coordination of Marketing Systems：Lessons from the Poultry, Egg, and Pork Industries [R]. Econounic Research Service，U.S. Department of Agriculture, Agricultural Economic Report No. 807, 2002.

[32] MOUSTIER,et al. The role of farmer organizations in supplying supermarkets with quality food in Vietnam [J]. Food Policy，2010, 35 (1)：69-78.

[33] OUDEN, et al. Vertical cooperation in agricultural production-marketing chains, with special reference to product differentiation in pork [J].

Agribusiness, 1996, 12（3）：277-290.

[34]　PARK, JIN, ROZELLE，et al. Market Emergence and Transition：Arbi-
trage, Transaction Costs, and Autarky in China's Grain Markets [J].
American Journal of Agricultural Economics, 2002, 84（1）：67-82.

[35]　PHILLIPS. Economic nature of the cooperative association [J]. Jour-
nal of Farm Economics, 1953（35）：74-87.

[36]　PIENIADZ, et al. Small farmers in the Romanian dairy market：Do they
have a future? [J]. 111 EAAE-IAAE Seminar:" Small Farms：decline
or persistence? ". University of Kent, Canterbury, UK.2009.

[37]　REARDON，BERDEGUE. The Rapid Rise of Supermarkets in Latin Amer-
ica：Challenges and Opportunities for Development [J]. Development
Policy Review,2002（9）:371-388 .

[38]　SEXTON. Cooperatives and the forces shaping agricultural marketing
[J]. American Journal of Agricultural Economics, 1986, 68（5）：1167-
1172.

[39]　STAATZ. Recent developments in the theory of agricultural cooperation
[J]. Journal of Agricultural Cooperation, 1987（2）：74-95.

[40]　VALENTINOV. Why are cooperatives important in agriculture? An organi-
zational economics perspective [J]. Journal of Istitutional Economics,
2007，3（1）：55-69.

[41]　WELD. The Marketing of Farm Products [M]. New York：Forgot-
ten Books,2018.

[42]　WILLIAMSON. Markets and Hierarchies：Analysis and Antitrust Implica-
tions [M]. New York：The Free Press, 1975.

[43]　WILLIAMSON. The Economic Institutions of Capitalism:Firms, Markets
Relational Contracting [M]. New York：The Free Press, 1985.

[44]　WILLIAMSON. The Mechanisms of Governance [M]. New York：The
Free Press. 1996.

[45]　ZUSMAN. Constitutional selection of collective choice rules in a coopera-
tive enterprise [J]. Journal of Economic Behavior and Organization,
1992（17）：353-362.

[46]　毕美家.中国农产品批发市场的建设与发展方向 [J]. 中国农村经济,
2001（12）：37-41.

[47]　曹利群,周立群."对"市场＋农户"的理论研究 [J]. 中国农村观察,
2005（3）：2-8.

[48] 曹利群.农产品流通组织体系的重建 [J]. 学术月刊，2001 (8)：18-23.

[49] 查金祥，黎东升.当前农产品网络营销的系统架构研究 [J]. 农业经济问题，2006 (3)：72-74.

[50] 陈阿兴，岳中刚.试论农产品流通与农民组织化问题 [J]. 农业经济问题，2003 (2)：55-60.

[51] 陈勇.现代物流发展与我国农村物流体系的重构 [J]. 农业经济问题，2006 (4)：74-76.

[52] 程国强.强化农产品流通体系物流信息和体系功能 [J]. 中国合作经济，2012 (3)：56-64.

[53] 程国强，朱满德.中国工业化中期阶段的农业补贴制度与政策选择 [J]. 管理世界，2012 (1)：28-35.

[54] 丁俊发.农产品物流要处理好六大矛盾 [J]. 经济研究参考，2002 (63).

[55] 董晓霞，黄季焜，Rozelle，等.北京超市发展及其周边地区农户果蔬生产和销售的特征分析 [J]. 中国农村经济，2006 (11)：9-16.

[56] 杜小芳，张金隆.农产品的第三方物流管理模式 [J]. 物流技术与应用，2003 (12)：71-73.

[57] 杜吟棠."公司＋农户"模式初探——兼论其合理性与局限性 [J]. 中国农村观察，2002 (1)：30-38.

[58] 杜吟棠.农业产业化经营和农民组织创新对农民收入的影响 [J]. 中国农村观察，2005 (3)：9-18.

[59] 杜鹰.日本农业政策改革及其启示 [J]. 中国农村经济，2000 (12)：63-70.

[60] 范小建.中国农业政策研究要有新思路 [J]. 农业经济问题，2004 (8)：11-12.

[61] 冯青松，孙杭生.美国、欧盟、日本农业政策的比较研究及启示 [J]. 世界农业，2004 (6)：7-10.

[62] 高兴武.政府职能需求与供给的理论分析 [J]. 产业与科技论坛，2007 (12)：107-109.

[63] 耿晔强.主要农产品出口国在中国市场竞争力研究 [J]. 经济问题，2009 (3)：109-111.

[64] 古川.社区蔬菜直销模式的形成与运作机制研究——以北京绿富隆合作社为例 [J]. 农业经济问题，2013 (1)：18-26.

[65] 郭崇义，庞毅.北京农产品批发市场创新营销研究 [J]. 北京工商大学学报：社会科学版，2011 (11)：13-18.

[66] 郭冬乐，宋则，王诚庆.印度农产品流通体制考察 [J]. 财贸经济，1997

(7)：37-43.

[67]　郭红东，蒋文华."行业协会＋公司＋合作社＋专业农户"订单模式的实践与启示 [J]. 中国农村经济，2007 (4)：48-52.

[68]　郭红东.龙头企业与农户订单安排与履约：理论和来自浙江企业的实证分析 [J]. 农业经济问题，2006 (2)：36-42，79.

[69]　郭红东.我国农户参与订单农业行为的影响因素分析 [J]. 中国农村经济，2005 (3)：24-32.

[70]　郭红莲，侯云先，杨宝宏.北京市禽蛋流通效率评价模型及应用 [J]. 农业系统科学与综合研究，2009 (2)：36-39.

[71]　郭锦墉，尹琴，廖小官.农产品营销中影响农户合作伙伴选择的因素分析 [J]. 农业经济问题，2007 (1)：86-93.

[72]　郭晓鸣，廖祖君，付娆.龙头企业带动型、中介组织联动型和合作社一体化三种农业产业化模式的比较 [J]. 中国农村经济，2007 (4)：40-47.

[73]　郭晓鸣，廖祖君，孙彬.订单农业运行机制的经济学分析 [J]. 农业经济问题，2006 (11)：15-18.

[74]　国务院研究室农村经济司课题组.关于订单农业发展的形式、作用及建议 [J]. 农业经济问题，2001 (3)：43-46.

[75]　何坪华，杨名远.农户经营市场交易成本构成与现状的实证分析 [J]. 中国农村经济，1999 (6)：40-44.

[76]　洪涛.新世纪我国农村商品流通问题研究 [J]. 商业经济与管理，2003 (2)：10-13.

[77]　洪涛.我国农产品冷链物流呈现新趋势 [J]. 中国合作经济，2012 (9)：21-25.

[78]　洪涛.农产品电子商务及其模式创新 [J]. 北京财贸职业学院学报，2013 (6)：10-13，38.

[79]　侯守礼，王威，顾海英.不完备契约及其演进：政府、信任和制度——以奶业契约为例 [J]. 中国农村观察，2004 (6)：46-54.

[80]　胡定寰，俞海峰，Reardon.中国超市生鲜农副产品经营与消费者购买行为 [J]. 中国农村经济，2003 (8)：12-17.

[81]　胡新艳."公司+农户"：交易特性、治理机制与合作绩效 [J]. 农业经济问题，2013 (10)：83-89.

[82]　黄国雄.构建有中国特色的农产品流通体系 [J]. 中国市场，2012 (5)：11-15.

[83]　黄维梁.论农产品差异化营销的意义及其策略探讨 [J]. 中国农村经济，2000 (8)：40-42，49.

[84] 黄祖辉, 刘东英. 论生鲜农产品物流链的类型与形成机理 [J]. 中国农村经济, 2006 (11): 4-16.

[85] 黄祖辉, 刘东英. 我国农产品物流体系建设与制度分析 [J]. 农业经济问题, 2005 (4): 49-53.

[86] 黄祖辉, 王祖锁. 从不完全合约看农业产业化经营的组织方式 [J]. 农业经济问题, 2002 (3): 28-31.

[87] 黄祖辉, 吴克象, 金少胜. 发达国家现代农产品流通体系变化及启示 [J]. 福建论坛, 2004 (4): 32-36.

[88] 纪良刚, 刘东英. 农产品流通的关键问题与解决思路 [J]. 中国流通经济, 2011 (7): 18-20.

[89] 纪良纲, 常冉. "农超对接" 背景下农产品生产基地功能拓展研究 [J]. 经济与管理, 2013 (4): 21-24.

[90] 贾生华, 刘清华. 拍卖交易与我国农产品批发市场交易方式创新 [J]. 中国农村经济, 2001 (2): 63-67.

[91] 姜长云. 完善我国农产品流通政策的若干建议 [J]. 宏观经济管理, 2012 (8): 39-43.

[92] 孔祥智, 郭艳芹. 现阶段农民合作经济组织的基本状况、组织管理及政府作用 [J]. 农业经济问题, 2006 (1): 54-59.

[93] 孔祥智, 刘同山. "农社对接" 的优势、发展思路及前景 [J]. 中国农民合作社, 2013 (9): 22-26.

[94] 寇荣, 谭向勇. 论农产品流通效率的分析框架 [J]. 中国流通经济, 2008 (5): 12-15.

[95] 李炳坤. 农产品流通体制改革与市场制度建设 [J]. 中国农村经济, 1999 (6): 11-18.

[96] 李春成, 李崇光. 农产品零售终端绩效评价与比较 [J]. 农业经济问题, 2007 (1): 81-85.

[97] 李春成, 李崇光. 农产品营销渠道发展对策探讨 [J]. 华南农业大学学报: 社会科学版, 2006 (1): 27-31.

[98] 李大胜, 王广深, 张光辉. 广东农产品流通的改革与发展 [J]. 农业经济问题, 2002 (3): 56-61.

[99] 李建平, 王吉鹏, 周振亚, 等. 农产品产销对接模式和机制创新研究 [J]. 农业经济问题, 2013 (11): 31-35.

[100] 李彤彤. 完善农副产品流通组织体制, 开拓农村消费市场 [J]. 管理世界, 2000 (2): 173-178.

[101] 李晓锦, 范秀荣. 农产品物流体系的规制及其专业化发展 [J]. 农业经济问

题，2006（8）：43-46.

[102] 厉伟，李志国.创建农产品经纪人制度与农产品流通［J］.中国农村经济，
2000（2）：52-57.

[103] 梁守砚.农产品交易关系治理机制［D］.大连：东北财经大学，2011.

[104] 梁世夫，王淑霞，易南文.粮食主产区农民专业合作经济组织发展：效应、
问题与对策［J］.农业经济问题，2006（8）：69-71.

[105] 林家宏，温思美，罗必良.企业办市场、企业管市场、市场企业化［J］.中
国农村经济，1999（9）：18-26.

[106] 林坚，马彦丽.农业合作社和投资者所有企业的边界［J］.农业经济问题，
2006（3）：16-20.

[107] 林毅夫.关于制度变迁的经济学理论：诱致性变迁与强制性变迁［M］.上
海：上海人民出版社，1994.

[108] 林毅夫.我国现阶段究竟要不要增加农业补贴［J］.现代商贸工业，2003
（10）：4-6.

[109] 刘春香，钱波.借鉴国际先进经验 发展我国外向型农业［J］.农业经济问
题，2009（6）：50-53.

[110] 刘翠萍.深化我国农产品流通体制改革的思索［J］.中国流通经济，2004
（6）：21-24.

[111] 刘东英，梁佳.中国的生鲜蔬菜物流链：观察与解释［J］.中国农村经济，
2007（8）：47-55.

[112] 刘东英.农产品现代物流研究框架的试构建［J］.中国农村经济，2005
（7）：64-70.

[113] 刘凤芹.不完全合约与履约障碍——以订单农业为例［J］.经济研究，
2003（4）：22-30.

[114] 刘刚.基于农民专业合作社的鲜活农产品流通模式创新研究［J］.商业经济
与管理，2013（8）：5-10.

[115] 刘天军，胡华平，朱玉春，等.我国农产品现代流通体系机制创新研究［J］.
农业经济问题，2013（8）.

[116] 刘昕.商务部力促农产品"插电"［N］.国际商报，2013-10-10（C6）.

[117] 刘小刚，王树祥，张明玉，等.基于现代物流的农产品物流方式选择［J］.
物流技术，2006（7）：81-84

[118] 龙方，任木荣.农业产业化产业组织模式及其形成的动力机制分析［J］.农
业经济问题，2007（4）：34-38.

[119] 鲁国来.合作社制度及专业协会实践的制度经济学分析［J］.中国农村观
察，2001（4）：36-48.

[120] 罗必良.中国农产品流通体制改革的目标模式 [J]. 经济理论与经济管理, 2003 (4): 58-63.

[121] 罗必良.关于农业组织化的战略思考 [J]. 农村经济, 2012 (6): 1-5.

[122] 罗必良, 刘成香, 吴小立.资产专用性、专业化生产与农户的市场风险 [J]. 农业经济问题, 2008 (7): 11-12.

[123] 闵耀良, 邓红卫.美国蔬菜、水果市场流通状况考察 [J]. 中国农村经济, 2000 (4): 69-74.

[124] 马龙龙.以流通为突破口破解"三农"问题 [J]. 中国合作经济, 2010 (5): 12-16.

[125] 牛若峰.农业产业化经营发展的观察和评论 [J]. 农业经济问题, 2006 (3): 8-15.

[126] 潘劲.流通领域农民专业合作组织发展研究 [J]. 农业经济问题, 2001 (11): 51-58.

[127] 钱淼, 李中华, 王伟."产销对接"与"产消对接"模式的比较与适用性分析——基于对合作社农产品流通路径的考察 [J]. 管理现代化, 2013 (10): 15-19.

[128] 邱国栋.中外合作社比较与借鉴 [J]. 东北财经大学学报, 2007 (4): 17-21.

[129] 屈小博, 霍学喜.交易成本对农户农产品销售行为的影响 [J]. 中国农村经济, 2007 (8): 35-46.

[130] 任兴洲.我国鲜活农产品流通体系发展的现状、问题及政策建议 [J]. 北京工商大学学报: 社会科学版, 2012 (9): 1-5.

[131] 生秀东.订单农业的契约困境和组织形式的演进 [J]. 中国农村经济, 2007 (12): 35-46.

[132] 宋则.稳定农产品市场要实行"反周期"调控 [J]. 价格理论与实践, 2012 (5): 15-19.

[133] 石磊.农产品流通体制改革的目标模式选择 [J]. 农业经济问题, 1999 (5): 40-44.

[134] 史建民.提高农业订单履约率的法学分析 [J]. 农业经济问题, 2001 (12): 48-52.

[135] 施晟, 卫龙宝, 伍骏骞."农超对接"进程中的溢价产生与分配——基于"农户+合作社+超市"模式创新的视角 [J]. 财贸经济, 2012 (9): 22-27.

[136] 孙剑.我国农产品流通效率测评与演进趋势——基于1998—2009年面板数据的实证分析 [J]. 中国流通经济, 2011 (5): 25-29.

[137] 孙侠, 张闯.我国农产品流通的成本构成与利益分配 [J]. 农业经济问题, 2008 (2): 39-48.

[138] 谭智心，孔祥智.不完全契约、内部监督与合作社中小社员激励——合作社内部"搭便车"行为分析及其政策含义 [J]. 中国农村经济，2012（7）：33-38.

[139] 唐柏飞.丹麦的粮食流通与合作社及其启示 [J]. 宏观经济研究，2003（5）：61-63.

[140] 田野，赵晓飞.我国农产品现代流通体系构建 [J]. 中国流通经济，2012（10）：19-24.

[141] 王醒男.日本农协演变经纬的政治经济学分析 [J]. 中国农村观察，2006（1）：66-73.

[142] 王潇芳.我国农产品流通模式创新探究 [D]. 成都：四川师范大学，2013.

[143] 王晓明.粮食直补政策推进中可能出现的问题及对策 [J]. 经济理论与经济管理，2004（8）：71-72.

[144] 王学真，刘中会，周涛.蔬菜从山东寿光生产者到北京最终消费者流通费用的调查与思考 [J]. 中国农村经济，2005（4）：66-71.

[145] 王中军.国外农产品物流的经验简述 [J]. 世界农业，2007（4）：8-9.

[146] 汪旭晖.农产品流通体系现状与优化路径选择 [J]. 改革，2008（2）：83-88.

[147] 温思美，罗必良.论我国农产品市场的组织制度创新 [J]. 学术研究，2001（1）：42-46.

[148] 温思美，杨顺江.论农业产业化进程中的农产品流通体制改革 [J]. 农业经济问题，2000（10）：45-48.

[149] 温铁军.农民专业合作社发展的困境与出路 [J]. 湖南农业大学学报：社会科学版，2013（8）：4-6.

[150] 吴小丁.我国生鲜农产品流通的中央批发市场制度构想 [J]. 商业经济与管理，2014（2）：19-22.

[151] 吴树波.日本的农业保险及其启示 [J]. 世界农业，2000（2）：11-12.

[152] 夏春玉.流通、流通理论与流通经济学——关于流通经济理论（学）的研究方法与体系框架的构想 [J]. 财贸经济，2006（6）：32-37，96.

[153] 夏春玉，等.流通概论 [M]. 大连：东北财经大学出版社，2013.

[154] 夏春玉，等.中国农村流通体制改革研究 [M]. 北京：经济科学出版社，2009.

[155] 夏春玉，徐健，薛建强.农产品流通市场结构、市场行为与农民收入——基于SCP框架的案例研究 [J]. 经济管理，2009（9）：25-29.

[156] 夏春玉，薛建强.农业产业化模式、利益分配与农民收入 [J]. 财经问题研究，2008（11）：31-38.

[157] 夏春玉，薛建强，徐健.农产品流通：基于网络组织理论的一个分析框架

[J]. 北京工商大学学报: 社会科学版，2009 (4): 1-6.

[158] 夏春玉，张闯，董春艳，等."订单农业"中交易关系的建立、发展与维护——以经纪人主导的蔬菜流通渠道为例 [J]. 财贸研究，2009 (4): 25-34.

[159] 夏春玉，张闯，梁守砚.城乡互动的双向流通系统: 互动机制与建立路径 [J]. 财贸经济，2009 (10): 106-112.

[160] 夏英.国外"家庭农场"发展探析 [J]. 中国农业信息，2013 (11): 16-19.

[161] 肖为群，魏国辰.发展农产品供应链合作关系 [J]. 宏观经济管理，2010 (5): 25-29.

[162] 咸春龙.论农业产业化经营与农民组织化问题 [J]. 农业经济问题，2002 (2): 40-43.

[163] 徐柏园.半个世纪来我国农产品流通体制变迁 [J]. 北京社会科学，2000 (1): 127-133.

[164] 徐从才，唐成伟.现代农产品流通体系的构建研究 [J]. 商业经济与管理，2012 (4): 5-10.

[165] 徐健，汪旭晖.订单农业及其组织模式对农户收入影响的实证分析 [J]. 中国农村经济，2009 (4): 36-41.

[166] 徐健，汪旭晖.订单农业组织模式的演进历程与优化建议 [J]. 兰州学刊，2009 (11): 25-31.

[167] 徐健，张闯，夏春玉.农户人际关系网络结构、交易成本与违约倾向 [J]. 财贸经济，2010 (12): 15-22.

[168] 徐健，张闯，夏春玉.契约型渠道关系中农户违约倾向研究——基于社会网络理论和渠道行为理论的视角 [J]. 财经问题研究，2012 (2): 8-13.

[169] 徐旭初.农民专业合作社发展辨析: 一个基于国内文献的讨论 [J]. 中国农村观察，2012 (9): 28-33.

[170] 徐旭初，贾广东，刘继红.德国农业合作社发展及对我国的几点启示 [J]. 农村经营管理，2008 (5): 15-19.

[171] 徐忠爱，叶祥松.公司和农户间关系性产权契约研究 [J]. 福建论坛: 人文社会科学版，2012 (9): 13-18.

[172] 薛建强.农产品交易方式治理机制分析与优化建议 [J]. 农村经济，2010 (12): 103-106.

[173] 薛建强.农民专业合作社发展中的经验、问题及对策研究 [J]. 内蒙古农业大学学报: 社会科学版，2011 (4): 35-37.

[174] 杨金风，史江涛.农产品流通超市化对农户的影响及调适 [J]. 河北经贸大学学报，2005 (5): 66-70.

[175] 杨菁.国外农产品贸易与市场流通 [M]. 北京: 中国社会出版社, 2006.

[176] 杨青松.农产品流通模式研究 [D]. 北京: 中国社会科学院研究生院, 2011.

[177] 杨顺江, 彭鹰.中国蔬菜流通模式构: 建一个比较分析的启示 [J]. 中国农村经济, 2004 (4): 52-57.

[178] 杨占科.供销社改革目标模式的几点思考 [J]. 农业经济问题, 2003 (6): 56-60.

[179] 杨宜苗, 肖庆功.不同流通渠道下农产品流通成本和效率比较研究——基于锦州市葡萄流通的案例分析 [J]. 农业经济问题, 2011 (2): 79-88.

[180] 杨文静.农产品物流与民营物流企业 [J]. 中国储运, 2005 (6): 26-31.

[181] 姚今观.农产品流通体制与价格制度改革的新构想 [J]. 财贸经济, 1996 (5): 27-29.

[182] 尹云松, 高玉喜, 糜仲春.公司与农户间商品契约的类型及其稳定性考察——对5家农业产业化龙头企业的个案分析 [J]. 中国农村经济, 2003 (8): 63-67.

[183] 应瑞瑶, 孙艳华.江苏省肉鸡行业垂直协作形式的调查分析——从肉鸡养殖户的角度 [J]. 农业经济问题, 2007 (7): 17-21.

[184] 应瑞瑶.农民专业合作社的成长路径 [J]. 中国农村经济, 2006 (6): 18-23.

[185] 袁平红.直卖所——日本农产品流通新模式 [J]. 现代日本经济, 2009 (2): 59-64.

[186] 袁秀华.日本农业供产销一体化经营的经验及其启示 [J]. 河北大学学报: 哲学社会科学版, 2000 (6): 131-133.

[187] 苑鹏.中国农村市场化进程中的农民合作组织研究 [J]. 中国社会科学, 2001 (6): 63-73.

[188] 苑鹏, 刘凤芹.美国政府在发展农民合作社中的作用及其启示 [J]. 农业经济问题, 2007 (9): 35-39.

[189] 苑鹏.关于修订《农民专业合作社法》的几点思考 [J]. 湖南农业大学学报: 社会科学版, 2013 (8): 6-8.

[190] 曾欣龙, 圣海忠, 姜元, 等.中国农产品流通体制改革六十年回顾与展望 [J]. 江西农业大学学报: 社会科学版, 2011 (3): 1-6.

[191] 曾寅初, 全世文.我国生鲜农产品的流通与食品安全控制机制分析——基于现实条件、关键环节与公益性特征的视角 [J]. 中国流通经济, 2013 (5): 16-21.

[192] 张闯.渠道权力的过度倾斜与权力失效——基于农产品营销渠道的研究 [J]. 财经论丛, 2006 (5): 96-101.

[193] 张闯.社会网络视角下的渠道权力结构与策略研究 [M]. 大连：东北财经大学出版社，2008.

[194] 张闯，汤宇，梁守砚.市场型交易关系的建立与发展及其运行机制——基于辽宁普兰店市蔬菜流通渠道的案例研究 [J]. 财经问题研究，2010（3）：31-38.

[195] 张闯，夏春玉.农产品流通渠道：权力结构与组织体系的构建 [J]. 农业经济问题，2005（7）：28-35.

[196] 张闯，夏春玉，梁守砚.关系交换、治理机制与交易绩效：基于蔬菜流通渠道的比较案例研究 [J]. 管理世界，2009（8）：124-140，156.

[197] 张闯，徐健，夏春玉.契约型农产品渠道中农户人际关系网络结构对企业权力应用及其结果的影响 [J]. 营销科学学报，2010，6（I）：85-108.

[198] 张闯，周洋，田敏.订单农业中的交易成本与关系稳定性：中间商的作用——以安徽某镇养鸡业流通渠道为例 [J]. 学习与实践，2010（1）.

[199] 张红宇.促进农民增收的长期思路和政府行为 [J]. 农业经济问题，2005（2）：13-17.

[200] 张凯.农民专业合作社发展现状、问题及解决的对策 [J]. 学术交流，2011（11）：35-39.

[201] 张冠澜.基于农民专业合作组织的农产品流通模式研究 [D]. 重庆：重庆工商大学，2012.

[202] 张晓山，苑鹏.合作经济理论与中国农民合作社的实践 [M]. 北京：首都经济贸易大学出版社，2009.

[203] 张仲芳.我国1993—1995年的农业国内支持水平——兼论在WTO框架下我国的农业保护 [J]. 中国农业经济，1997（6）：23-27.

[204] 赵德余，顾海英，黄瑢.粮食订单的缔约难题及其合约改进 [J]. 中国农村观察，2005（4）：2-13.

[205] 赵锋.农产品流通效率研究：综述与展望 [J]. 中国流通经济，2013（12）：16-21.

[206] 赵慧峰，李彤.国外农业产业化经营组织模式分析 [J]. 农业经济问题，2002（2）：60-63.

[207] 赵鲲，门炜.关于合作社基本特征的分析和思考 [J]. 中国农村观察，2006（3）：23-31.

[208] 赵苹，骆毅.发展农产品电子商务的案例分析与启示——以"菜管家"和Freshdirect为例 [J]. 商业经济与管理，2011（7）：19-23.

[209] 赵晓飞，李崇光.农产品流通渠道变革：演进规律、动力机制与发展趋势 [J]. 管理世界，2012（3）：28-33.

[210] 郑礼明，谢峰，肖荣美.我国粮食产销合作社的构建［J］.财经科学，2000（4）：105-108.

[211] 郑鹏.基于农户视角的农产品流通模式研究［D］.武汉：华中农业大学，2012.

[212] 郑鹏，李崇光."农超对接"中合作社的盈余分配及规制——基于中西部五省市参与"农超对接"合作社的调查数据［J］.农业经济问题，2012（9）：25-30.

[213] 郑有贵.对影响中国农业政策制定的若干理论的回顾与辨析［J］.中共党史研究，2001（6）：42-47.

[214] 周殿昆.农产品流通与农民合作社发展相关性分析［J］.中国流通经济，2010（11）：31-34.

[215] 周洁红，金少胜.农贸市场超市化改造对农产品流通的影响［J］.浙江大学学报：社会科学版，2004（5）：45-52.

[216] 周立群，曹利群.农村经济组织形态的演变与创新［J］.经济研究，2001（1）：69-75，83.

[217] 周立群，曹利群.商品契约优于要素契约［J］.经济研究，2002（1）：14-19.

[218] 周立群，曹利群.农村"分包制"组织形态分析［J］.天津社会科学，2000（4）.

[219] 周伟，李想，濮晓鹏，等.2011年我国农产品流通状况及特点分析［J］.中国农村科技，2012（6）：30-33.

[220] 周伟，李想，濮晓鹏，等.我国农产品流通产业发展趋势以及建议［J］.中国农村科技，2012（6）：43-45.

[221] 朱李明.演化与变迁："我国城市中的'农改超'问题"［J］.商业经济与管理，2004（2）：13-16.

[222] 朱学新.降低农产品交易费用的制度选择［J］.农业经济问题，2005（12）：30-33，79.

[223] 祝宏辉，王秀清.新疆番茄产业中农户参与订单农业的影响因素分析［J］.中国农村经济，2007（7）：67-75.

[224] 庄贵军.营销渠道控制：理论与模型［J］.管理学报，2004（I）：82-88.

[225] 庄贵军，席酉民，周筱莲.权力、冲突与合作：中国营销渠道中私人关系的影响作用［J］.管理科学，2007（4）：38-47.

附录

问卷编号：_____   调查员：_____   调查时间：_____

农产品流通渠道关系研究调查问卷

请在最适合的答案上打√，或在_____上填写相关信息。

1. 您的年龄_____

2. 您的最高学历：□小学及以下　□初中　□高中（中专）　□大专及以上

3. 您家共有_____人，其中从事农业的劳动力有_____人，外出打工_____人

4. 您家所从事的生产类型：□种植业，具体类型_____（如粮食、蔬菜、水果等）

□养殖业，具体类型_____（如养鸡、养猪、养牛、养鱼等）

5. 您在村里的身份是：□村屯干部　□村民小组组长　□合作社带头人　□教师　□医生　□技术员　□种养殖大户　□普通村民　□其他_____（请填写）

6. 您家去年全年的农业纯收入（全部收入扣除各种生产成本开支部

分）_____万元；农业以外的其他收入（如打工等）_____万元

    7. 您从事订单生产____年了

    与您签订单的是：□龙头企业　□合作社　□协会　□经纪人／中间商　□其他_____（请填写）

第一部分,请选择您对下列说法的同意程度,在对应的数字下面打√	非常不同意	不同意	基本同意	同意	非常同意
MU1 我所种植(养殖)的农产品的市场需求量变化非常大	1	2	3	4	5
MU2 我所种植(养殖)的农产品的品种市场需求经常变化	1	2	3	4	5
MU3 我所种植(养殖)的农产品的市场行情变化很快	1	2	3	4	5
MU4 预测市场行情的变化非常困难	1	2	3	4	5

    以下，请围绕您与签订订单的这个农产品收购者（企业、合作社或个人）或其代表者（如果有多个订单收购者，请选择一个最重要的收购商）的买卖关系回答以下问题

    8. 请收购者收购您的农产品占您总的销售额的比例约为（请填写百分数）

第二部分,为了适应收购者的要求,您可能在时间、精力和(或)金钱等方面做出了一些心门的投入。请指出您为满足收购者的要求而做出专门投入的程度,在对应的数字下面打√	很少	少	中等	多	很多
FR11 学习专门的技术	1	2	3	4	5
FR12 生产用地	1	2	3	4	5
FR13 固定资产(如圈舍、大棚等)	1	2	3	4	5
FR14 生产工具(如农机具等)	1	2	3	4	5
FR15 其他生产资料(如肥料、饲料、种子、苗雏、包装材料等)	1	2	3	4	5
第三部分,收购者为您的生产销售提供的专门投入的程度,在对应的数字下面打√	很少	少	中等	多	很多
BR11 提供周转资金	1	2	3	4	5
BR12 赊销或垫付的生产资料(如肥料、饲料、种子、苗雏、包装材料等)	1	2	3	4	5
BR13 为生产设施(如大棚、温室、圈舍)垫付资金	1	2	3	4	5
BR14 为辅助生产工具(如农机或交通工具等)垫付资金	1	2	3	4	5
BR15 安排专门的技术人员	1	2	3	4	5
BR16 其他投入(如专设的收购站及管理人员、在当地建设了加工厂或批发市场)	1	2	3	4	5

第四部分,请选择您对下列说法的同意程度,在对应的数字下面打√		非常不同意	不同意	基本同意	同意	非常同意
DF1	我的收益与我所付出的买卖中辛苦和投入相一致	1	2	3	4	5
DF2	我的收益与我在生产和买卖中实际承担的责任相符	1	2	3	4	5
DF3	我的收益与投入的比例同村里其他人相比大致相同	1	2	3	4	5
DF4	我的收益与投入的比例同收购者相比大致相同	1	2	3	4	5
DF5	在与所有收购者的买卖中,我的收益与我的付出是相符的	1	2	3	4	5
TR1	这个收购者说话算数	1	2	3	4	5
TR2	这个收购者总是诚实可靠的	1	2	3	4	5
TR3	我相信这个收购者所提供的信息	1	2	3	4	5
TR4	这个收购者确实关心我们是否能挣到钱	1	2	3	4	5
TR5	在做出重要决定时,这个收购者会考虑让我们双方都能获得好处	1	2	3	4	5
TR6	我相信这个收购者时刻关心我的收益	1	2	3	4	5
TR7	这个收购者值得相信	1	2	3	4	5
TR8	我没有必要提防这个收购者	1	2	3	4	5
GQ1	我们可以像朋友一样进行坦诚的沟通	1	2	3	4	5
GQ2	如果我不再把产品卖给他,我可能会失去一个好朋友	1	2	3	4	5
GQ3	在做一些决定时,我会考虑他的感受且不会伤害他的感情	1	2	3	4	5
GQ4	当他遇到困难时我会尽最大努力帮助他,因为他是我的朋友	1	2	3	4	5
GQ5	我们之间的感情深厚	1	2	3	4	5
RQ1	当他遇到困难时,我会表示关心和支持	1	2	3	4	5
RQ2	当他在买卖中出错时,我会体谅	1	2	3	4	5
RQ3	他有时会送给我们一些不太贵的礼物	1	2	3	4	5
RQ4	当有红白喜事时,他会有所表示	1	2	3	4	5
RQ5	过年过节时,他总会有所表示	1	2	3	4	5
RQ6	过年过节时,我们也会有所表示	1	2	3	4	5
RQ7	当我们的买卖出现问题时(如他没有及时付款或我们没有按时交货),我们都能相互理解	1	2	3	4	5
GN1	我们都不会轻易做伤害感情的事	1	2	3	4	5
GN2	送人情和还人情在我们的关系中很重要	1	2	3	4	5
GN3	需要时,我们会相互帮忙	1	2	3	4	5
GN4	交往中我们都遵循有来有往的原则	1	2	3	4	5
MZ1	我们都很在乎面子	1	2	3	4	5
MZ2	我们都会尽量照顾对方的面子	1	2	3	4	5
MZ3	我们都不会轻易驳对方的面子	1	2	3	4	5
MZ4	交往中,我们都比较尊重对方	1	2	3	4	5
MZ5	我给他面子,他也会给我面子	1	2	3	4	5

续表

第五部分,在收购过程中,这个农产品收购者或其代表者会……请选择您对下列说法的同意程度,在对应的数字下面打√	非常不同意	不同意	基本同意	同意	非常同意
PFB1	积极与你双向沟通	1	2	3	4	5
PFB2	与你保持高水平的双向沟通	1	2	3	4	5
PFI1	不会歧视,而是一视同仁地对待所有农户	1	2	3	4	5
PFI2	对所有农户采取一视同仁的收购政策	1	2	3	4	5
PFR1	有时根据农户提出的不同意见而调整他们的收购政策	1	2	3	4	5
PFR2	认真考虑农户针对收购计划的不同意见	1	2	3	4	5
PFE1	经常向农户解释他们的决定	1	2	3	4	5
PFE2	在调整对农户造成影响的政策时给予充分的解释	1	2	3	4	5
PFK1	对农户所在地的情况很了解	1	2	3	4	5
PFK2	尽力了解农户所在地的情况	1	2	3	4	5
PFC1	尊重农户	1	2	3	4	5
PFC2	客气而有礼貌	1	2	3	4	5

第六部分,请选择您对下列说法的同意程度,在对应的数字下面打√	非常不同意	不同意	基本同意	同意	非常同意
CS1	我们签订的合同明确规定了我们双方的任务	1	2	3	4	5
CS2	我们签订的合同明确规定了我们双方应承担的责任	1	2	3	4	5
CS3	我们签订的合同明确规定了每一方的行为	1	2	3	4	5
CS4	我们签订的合同明确规定了该如何处理意外发生的事	1	2	3	4	5
CS5	我们签订的合同条款很详细	1	2	3	4	5
CS6	我们签订的合同条款尽可能写明了所有可能发生的情况	1	2	3	4	5
CE1	我们签订的合同执行起来很难	1	2	3	4	5
CE2	当他们不履行合同时,我没什么办法	1	2	3	4	5
CE3	当有人违约时,我们很少打官司	1	2	3	4	5
CE4	违约时,即使去打官司也很难有令人满意的结果	1	2	3	4	5
CE5	实际上我们都不怎么遵守签订的合同	1	2	3	4	5
CE6	违约的情况很普遍	1	2	3	4	5
RC1	我愿意继续与现有企业(或合作社等)签订订单	1	2	3	4	5
RC2	我很高兴继续与现有企业(或合作社等)签订订单	1	2	3	4	5
RC3	订单到期后我还会继续做	1	2	3	4	5
VC1	我可能不完全按照订单的要求进行生产	1	2	3	4	5
VC2	如果其他收购者出的价格高出合同价格,我会将产品卖给他们	1	2	3	4	5
VC3	在生产和销售过程中,我可能会违反合同的规定	1	2	3	4	5

第七部分,请选择您对下列说法的同意程度,在对应的数字下面打√		非常不同意	不同意	基本同意	同意	非常同意
OC1	收购者对所收购的产品有明确的标准	1	2	3	4	5
OC2	收购者收购时会检查产品是否符合标准	1	2	3	4	5
OC3	如果产品达不到标准,我需要向收购者解释原因	1	2	3	4	5
OC4	收购者会告诉我的产品是否达到收购标准	1	2	3	4	5
OC5	我收入的增长取决于产品是否符合收购标准	1	2	3	4	5
OC6	如果我的产品达到甚至超过收购者的收购标准,我的收入会增加	1	2	3	4	5
PC1	收购者会监督我是否按规定程序进行生产	1	2	3	4	5
PC2	收购者会评估我的生产过程是否有利于生产符合购标准的农产品	1	2	3	4	5
PC3	我达不到收购者所要求的种植(养殖)标准时,收购者会帮我改进种植(养殖)过程	1	2	3	4	5
PC4	收购者会告诉我对生产过程的检查结果	1	2	3	4	5
PC5	如果生产活动符合收购者的标准,我会受到表扬或奖励	1	2	3	4	5
PC6	如果生产活动不符合收购者的标准,我会受到警告或处罚	1	2	3	4	5
CC1	收购者对我的种植(养殖)技术有明确的要求	1	2	3	4	5
CC2	收购者会评估我的种植(养殖)技术是否有利于生产符合收购标准的农产品	1	2	3	4	5
CC3	收购者会帮助我提高相应的种植(养殖)能力	1	2	3	4	5
CC4	我的生产技能水平会影响我的收入水平	1	2	3	4	5
CC5	我的生产技能水平越高,收购者订购的产品越多	1	2	3	4	5
CC6	我的生产技能的提高会得到收购者的夸奖或奖励	1	2	3	4	5

第八部分,请选择您对下列说法的同意程度,在对应的数字下面打√		非常不同意	不同意	基本同意	同意	非常同意
TC1	搜寻收购者的相关信息需要花很多时间	1	2	3	4	5
TC2	搜寻收购者的相关信息需要花费很多精力	1	2	3	4	5
TC3	搜寻收购者的相关信息要花费一些钱	1	2	3	4	5
TC4	签了订单后要花很多时间监督收购者的行为	1	2	3	4	5
TC5	签了订单后要花很多精力监督收购者的行为	1	2	3	4	5
TC6	签了订单后要花费一些钱监督收购者的行为	1	2	3	4	5
TC7	收购后我要花费不少时间和精力讨要收购款	1	2	3	4	5
TC8	收购者有时不按照合同规定收购	1	2	3	4	5
TC9	我有时不按照合同规定交售产品	1	2	3	4	5
PR1	近3年,我的农业毛收入增长非常快	1	2	3	4	5
PR2	近3年,我的农业纯收入增长非常快	1	2	3	4	5
PR3	近3年,我的整体农业收入水平非常高	1	2	3	4	5

续表

第九部分,请选择您对下列说法的同意程度,在对应的数字下面打√		非常不同意	不同意	基本同意	同意	非常同意
OP1	这个收购者为了达到他们的目的经常言过其实	1	2	3	4	5
OP2	这个收购者不太诚实	1	2	3	4	5
OP3	这个收购者为了得到他们想要的利益,经常掩盖事实	1	2	3	4	5
OP4	我很难与这个收购者进行真诚的商谈	1	2	3	4	5
OP5	这个收购者为了他们自己的利益经常违反正式或非正式的协议	1	2	3	4	5
OP6	这个收购者经常试图利用我们的合作关系来为他自己谋取利益	1	2	3	4	5
OP7	这个收购者常常让我承担额外的责任	1	2	3	4	5
OP8	这个收购者为了自己的利益,常常有意不告知我应当注意的事项	1	2	3	4	5
SP1	我不会主动地向收购者提供很多有关我生产情况的信息	1	2	3	4	5
SP2	有些生产活动除非收购者检查和坚持要求,我才会做(如果不要求,我就不做)	1	2	3	4	5
SP3	有时,为了增加收入,我会将没有达到收购标准的产品掺杂到合格产品中	1	2	3	4	5
SP4	为了从收购者那里得到额外的帮助和支持,我可能会虚报产品的数量或质量	1	2	3	4	5
SP5	当有市场价高于收购价时,我偶尔会不按合同规定交货或者违反合同约定把货卖给别人	1	2	3	4	5
SP6	当收购者无法追究我的违约行为时,我可能会隐瞒产品数量和质量信息	1	2	3	4	5

第十部分,请选择您对下列说法的同意程度,在对应的数字下面打√		非常不同意	不同意	基本同意	同意	非常同意
GS1	当地政府实施了一些有助于提高农民收入的政策和项目	1	2	3	4	5
GS2	当地政府为我们提供了必要的技术支持	1	2	3	4	5
GS3	当地政府为我们提供了重要的市场行情信息	1	2	3	4	5
GS4	当地政府在我们申请贷款时提供了必要的支持	1	2	3	4	5
GS5	当地政府帮助我们引进了新技术、设备和品种等	1	2	3	4	5
GS6	当地政府在我们与企业签订订单过程中给予了很大支持	1	2	3	4	5
GS7	当地政府在引进龙头企业方面工作力度很大	1	2	3	4	5
GS8	当地政府在组建合作社等方面给予了很多支持	1	2	3	4	5
GS9	当地政府在其他方面也提供了很多支持	1	2	3	4	5

请留下您的联系电话_____

受访者家庭地址:____(省、自治区)____(市)____(县、州、旗)_____(乡、镇)_____(村)

后记

　　财园求学十余载，寒窗苦读著文章。如今一份博士论文的完成，也意味着自己的求学生涯告一段落。一路走来，成长中承载着付出与收获，亦心怀感恩。这段艰辛且快乐的求学经历和成长历程，是我一生最珍贵的财富。

　　"落其实者思其树，饮其流者怀其源"。博士论文的顺利完成，特别要感谢我的导师夏春玉教授。孔子曰："君子之德风。"夏老师的师德风范令学生敬仰万分，老师深邃的思想和渊博的学识引导着我，老师严谨的治学态度和孜孜以求的敬业精神激励着我，老师谦虚坦荡的处世之道感染着我。我的每一点进步都离不开夏老师的谆谆教诲和循循善诱，论文的发表、课题的申报以及研究成果的取得都得益于恩师的指点和教诲。感谢夏老师对我的悉心指导以及生活和学习方面的关心和帮助，在略显枯燥和艰难的求学之路上激励和温暖着我不断前行，让我避免了很多错误，少走了很多弯路。师恩难忘，铭记在心，在论文完成之际，谨向恩师致以深深的谢意和崇高的敬意！师母刘富华老师慈爱和善，给予了我很多关怀，真心表示感谢！

博士学业的完成得益于夏老师带领的营销与流通经济研究团队成员间的交流与学习。最开始接触中国农产品流通这样一个具有重大现实意义的问题，如何从理论上进行研究和解释，自己深感能力有限。有幸跟随导师，与同门师兄弟们共同研究探讨，挖掘理论意义，从不同视角进行阐释。难忘导师带领大家尽情讨论的每一次 seminar，难忘一次次深入田间地头、乡村农舍进行实地考察和问卷调研。正是通过团队深入实践的大量调查，我了解到中国农产品流通的现状和困境，为理论研究提供了突破点和方向。感谢导师为我提供了宝贵的课题研究机会，指引了我日后的研究方向；感谢课题组同门师兄弟们的共同努力，大家携手诞生了一项项喜人的研究成果，这也拓宽了我的研究视野，并从中学到了诸多有益的研究方法。如今自己的博士论文，便是以农产品流通问题为研究对象，尝试对这个在中国具有重大现实意义的问题进行理论研究。感谢夏老师对我论文写作的严格要求，导师在繁重的行政事务中抽出宝贵时间，悉心指导，从标题的拟定到大纲的定夺，再到论文反复多次逐字逐句斧正修改，凝聚了导师的心血和期望。由于自身能力有限，诸多问题有待进一步深入展开，以期在日后的研究过程中不断完善。

感谢我的硕士生导师王玉霞教授，正是王老师当年的教导和指引让我走入经济学知识的殿堂，王老师对经济学独到精辟的洞见深深影响着我。感谢在博士课程学习和学位论文写作各个培养环节中给予我帮助的各位老师：高良谋教授、卢昌崇教授、林忠教授、邱国栋教授、李怀斌教授、赵宁教授、刘凤芹教授、肖兴志教授等。各位老师悉心的指导和宝贵的建议让我受益良多！

感谢大连财经学院的各位领导和同事，尤其是院长陈国辉教授、副院长徐哲教授、副院长耿慧敏教授、教务处处长姚丹教授和经济系主任李辉副教授，除了在学术方面提供的支持和鼓励外，还要感谢他们在我攻读博士学位期间提供了宽松的研究环境，使我可以兼顾学习与工作，使我的论文研究得以顺利进行。

感谢三位匿名评审专家和百忙之中参加答辩的各位评委，在此向辽宁师范大学校长韩增林教授、大连理工大学的汪克夷教授、东北财经大学工商管理学院的高良谋教授、李怀斌教授和汪旭晖教授致以诚挚的谢意!

感谢我的家人和朋友，一路走来，是你们在我的背后默默支持我不断前行。父母之爱、师长之恩、兄弟之情、朋友之谊，无以为报，唯有加倍努力、奋力拼搏！

最后，我要再次感谢夏老师和他带领的营销与流通经济研究团队，我会铭记于心！

长夜漫漫，无心睡眠！

长路漫漫，吾将求索！

薛建强

2014 年 6 月 4 日夜于东财梁园